LEVEEL ET MAUPAS

SEXES EN UN

L'ERE DU VERSEAU

AVANT-PROPOS

Juste un mot, amie lectrice, ami lecteur, un mot très court, avant de vous laisser feuilleter à votre guise ce modeste ouvrage.

Mot très court parce que généralement les avant-propos, les préfaces, ne sont pas lus, ou très peu. C'est souvent complexe, touffu, barbant. Or, étant donné le sujet, nous comprenons parfaitement votre impatience d'entrer dans le vif, si l'on peut dire, mais il nous paraît important de vous expliquer au moins succintement la démarche qui est la nôtre.

Modeste ouvrage... Voilà un qualificatif qui va certainement vous surprendre et vous inquiéter. Rassurez-vous, nous n'avons pas à rougir de notre travail. Nous y avons mis le meilleur de nous-mêmes, avec de la rigueur et du sérieux. Nous avons consulté une multitude d'ouvrages, digéré un nombre impressionnant de revues et d'articles ; nous avons recherché, interrogé, traqué aussi et systématiquement la petite phrase, la petite citation, voire le poème, qui nous semblent les plus adéquats au paragraphe concerné. Ce livre est la restitution de nos recherches, de nos questions, de nos lectures, sous une forme que nous avons voulue originale, enrichie de nos propres expériences et dans une progression qui se veut également démonstration. Démonstration que l'histoire de la sexualité n'est pas finie. Nous l'écrivons, vous l'écrivez quotidiennement.

Loin de nous l'intention de rivaliser avec d'autres méthodes, nous souhaitons simplement vous aider à élaborer **votre** propre méthode, c'est cela qui est capital à nos yeux. A chacun sa vérité sexuelle ! Et c'est en cela que nous nous prétendons modestes, et nous le sommes réellement. Par avance, nous nous effacons devant vous, lorsque vous serez parvenus au sommet du plaisir, harmonieusement et librement partagé. Vous n'aurez pas à nous dire merci. Ce livre ne sera plus qu'un souvenir parce que vous aurez allègrement dépassé son propos.

Et, rappelez-vous toujours que vous ne faites pas l'amour **par hasard**. Cet acte s'inscrit dans la logique des temps. Depuis que le monde est monde, des milliards et des milliards d'individus se sont accouplés avant vous, avec plus ou moins de bonheur. Nous aimerions quant à nous qu'après nous avoir lus, vous le fassiez avec ferveur ! Car c'est un acte sacré.

Les auteurs.

1.

SEXE, PETIT SEXE

Nous ne saurions pénétrer crûment la chose, sans souci des origines et des évolutions. Ca tomberait comme un poil dans la soupe ! Soucieux d'être à la fois courts et complets, nous avons bâti ce premier chapitre comme une rapide entrée en matière. Sexe, petit sexe, qui nous fait tant courir et discourir, d'où viens-tu donc ? Eh bien, les premières cellules en étaient dépourvues. Elles faisaient leur bébé toutes seules. Tout ce que nous croyons avoir inventé, nous autres, de l'espèce humaine, nos amies les bêtes l'ont fait avant nous ! La première révolution sexuelle fut en réalité une implosion. Sexe fort, sexe faible, chez les tigres on connaît pas... Addition surprenante : 1 homme + 1 femme = 4 sexes, mais oui ! Enfiler des perles, c'est parfois très masculin. Pleins et déliés du tendre corps féminin : Adam, va te rhabiller ! Enfin, l'éternelle question qui demeure obstinément sans réponse : pourquoi les hommes et les femmes se courent après...

AU COMMENCEMENT... PAS DE SEXE

La femme vit que l'arbre était bon à manger
et qu'il était agréable aux yeux...
Elle prit de son fruit et en mangea,
elle en donna aussi à son mari...
et il en mangea.
Alors se dessillèrent leurs yeux à tous deux
et ils surent qu'ils étaient nus.
Ils cousirent donc des feuilles de figuier
et se firent des ceintures.

C'est ainsi, suivant la légende biblique, que fut découvert le sexe. Il faut bien sûr dépasser le langage imagé du livre saint. On pense aujourd'hui qu'Adam et Eve sont un couple imaginaire, créé par le narrateur, et qu'ils s'inscrivent dans une tentative unique d'explication du monde et de l'univers. Jusqu'à preuve du contraire. Tant que la théorie de l'évolution n'a pas été scientifiquement contredite, il est tout à fait normal que ce livre en épouse l'idée générale.

On commence en effet à décrypter, dans ses grandes lignes, le long cheminement de l'humanité. Partie, peut-être, d'un primate très ordinaire, elle est parvenue aujourd'hui au stade de l'*homo sapiens sapiens*, littéralement l'homme sage sage. C'est probablement au cours de cette lente évolution que l'être a progressivement pris conscience de l'**existence sociale** de son sexe et du fait que l'usage de cette petite chose, anodine en apparence, était subtilement influencé par

> index > Adam et Eve > origines >

sa **condition**, celle-ci déterminant toute une série de réactions et d'interférences d'un type nouveau, individuelles et collectives, affectives et intellectuelles. A peine découvert, le sexe fut aussitôt recouvert. *Ils surent qu'ils étaient nus.* Comme un avant-goût de sensations coupables.

Mais au commencement des temps n'était pas le sexe. Au contraire, la reproduction des premières cellules vivantes - les **protozoaires** - était asexuée, chaque individu se multipliant par lui-même. A faire rêver les petites femmes libérées dont s'est inspiré Goldman dans sa chanson *Elle a fait son bébé toute seule* !

Les premières ébauches de la sexualité sont apparues avec la fusion inhabituelle de certaines cellules, favorisée par une différenciation chimique du milieu extérieur. Par la suite, certaines de ces cellules ont rejeté préalablement leur flagelle, ce rudimentaire ancêtre de la godille qui leur permettait de se mouvoir dans les eaux primitives. Elles sont alors considérées comme un élément femelle. Nous n'entrerons pas dans les détails, ce n'est pas le but de cet ouvrage, mais il faut tout de même saluer avec les **sporozoaires** la véritable naissance du sexe organique, qui allait permettre toute l'évolution des êtres vivants organisés, depuis l'apparition des premiers germes sexués, la constitution des premiers organes génitaux, jusqu'à l'union des sexes. Une union encore bien rudimentaire. C'est ainsi que certains vers de terre se reproduisent par **parthénogenèse**. Les femelles pondent en été, les oeufs se développent sans avoir été fécondés par aucun germe mâle. En hiver, plus petits, ils produisent des mâles qui s'accouplent avec leur mère. De cette union incestueuse résultent des oeufs dits oeufs d'hiver, lesquels aux beaux jours deviendront les femelles de l'été.

> index > sexualité >

Les drôles de petites bêtes ! Mais ce n'est pas tout. Mâles et femelles s'accouplent parfois entre des périodes prolongées de parthénogenèse. Comme si, ayant acquis un sexe (qui ne se voit pas extérieurement), ces petits vers ne savaient pas encore très bien l'utiliser !

C'est encore à des vers, et parmi eux l'ascaris, que revient le mérite d'afficher le masculin ou le féminin. Ouf ! Nous voilà sauvés ! L'évolution va pouvoir se poursuivre jusqu'à doter la création de ce tendre corps qui tant fait courir les hommes. Quand on pense à tous les processus qui furent nécessaires pendant des milliards d'années pour en arriver à cette merveille...

«La courbure des reins, ça c'est une trouvaille !» s'écrie Brassens dans *La religieuse*. Effectivement, ça valait la peine d'attendre.

> index > corps féminin >

BESTIAIRE AMOUREUX

La vie des hommes est écrite dans le ciel, prétendent les astrologues. Et il est difficile d'en douter. Il suffit à chacun de se contempler dans son thème astral comme dans un miroir pour se persuader qu'il y a du vrai dans cette affirmation. De même, l'histoire de notre planète est enfouie dans l'écorce terrestre. Toutes les recherches géologiques, archéologiques, l'ont confirmé. Mais saviez-vous que la plupart de nos comportements sexuels et affectifs se retrouvent dans de nombreuses espèces animales ? Comme si la nature avait voulu dresser et préserver un échantillonnage des moeurs humaines.

Il est plus vraisemblable que toutes les variétés d'expression de l'amour humain dérivent du processus évolutif. Passion dévorante, perversions, danse d'amour, harcèlement sexuel, tendresse, onanisme, polygamie, cannibalisme, j'en passe, nous n'avons rien inventé. Nos amies les bêtes l'ont fait avant nous et le font encore.

Lisez ou relisez à cet égard *Physique de l'amour* (Mercure de France). Les observations de Rémy de Gourmont sur les comportements amoureux des animaux sont littéralement stupéfiantes.

«La libellule, écrit-il notamment, *joliment appelée la demoiselle, est un des plus beaux insectes du monde.* [...] *Il* (le mâle) *poursuit longtemps l'amante qu'il veut, joue avec elle, enfin la saisit au-dessus du col avec les pinces qui terminent son abdomen, puis, se roulant comme un serpent, s'incline*

> index > Gourmont (Rémy de) >

en avant et continue de voler, bête à quatre paires d'ailes. En cette attitude, le mâle, sûr de lui, l'air indifférent d'un maître de l'heure, chasse les insectes, visite les fleurs et les aisselles des plantes où sommeillent les moucherons, les saisissant avec sa patte pour les porter à sa bouche. Enfin la femelle cède, replie par en-dessous son abdomen flexible, en fait coïncider l'ouverture avec le pénis pectoral du mâle : et les deux insectes ne sont plus qu'une splendide bague à double chaton, une bague frémissante de vie et de feu. Aucun geste d'amour plus charmant ne peut être imaginé que celui de la femelle recourbant lentement son corps bleu, faisant la moitié du chemin vers son amant, qui, dressé sur ses pattes antérieures supporte, les muscles tendus, tout le poids de ce mouvement. On dirait, tant cela est immatériel et pur, deux idées qui se joignent dans la limpidité d'une pensée nécessaire.»

Nous pourrions multiplier les extraits. C'est extraordinaire. Non seulement l'animal prépare l'union des corps, mais il la facilite, il l'accompagne, il la suit. Rien à voir avec un rapport sexuel injustement qualifié de bestial où Roméo sauterait sur Juliette et la servirait avant même qu'elle ait pu ébaucher un geste. Aucun animal ne se comporte ainsi. La plus petite bestiole témoigne d'une technique si minutieuse, si perfectionnée, qu'il n'est pas déplacé de dire que nous autres, de l'espèce humaine, avons été pendant trop longtemps des enfants de choeur. Ou des monstres. A qui la faute ? Nous aurons certainement l'occasion d'y revenir. Je terminerai ce bref chapitre, simplement destiné à nous engager à la plus grande modestie, par cette exclamation d'une jeune femme pas très délurée qui se plaignait des ardeurs de son mari au lit : *«On n'est pas des bêtes, quand même !»* Si.

> index > bestialité > draguer >

CHASSES DU PARADIS ...SEXUEL

Ainsi je voudrais une nuit,
Quand l'heure des voluptés sonne,
Vers les trésors de ta personne,
Comme un lâche, ramper sans bruit,

Pour châtier ta chair joyeuse,
Pour meurtrir ton sein pardonné,
Et faire à ton flanc étonné,
Une blessure large et creuse,

Et, vertigineuse douceur !
A travers ces lèvres nouvelles,
Plus éclatantes et plus belles,
T'infuser mon venin, ma soeur !

Vers célèbres de Baudelaire dédiés *A celle qui est trop gaie*. De celles qu'on immole sur l'autel de toutes les turpitudes humaines, à cause de leur beauté innocente, pour être agréable à je ne sais quel dieu assoiffé de sacrifices.

«Je te hais autant que je t'aime !» s'écrie le poète avant de confesser son inclination homicide en des strophes accomplies. Mais nous retiendrons surtout cette expression **lèvres nouvelles**. Dans son désir fou, l'amant Baudelaire veut tailler sur sa victime un sexe neuf, un sexe qui efface l'héritage génétique, un sexe qui permette non seulement de prendre

> index > amour > haine > génétique >

un nouveau départ mais aussi de renouer avec le paradis perdu. Du temps où l'homme ne se posait pas de questions, du temps où il jouissait quand il en avait envie, avec la partenaire qui se trouvait dans son entourage à ce moment-là.

C'est le développement de la vie sociale qui a conduit l'homme à considérer peu à peu qu'il pouvait, qu'il devait, dominer cette inéluctable nécessité du sexe. Auparavant instinctif, irrépressible et joyeux, celui-ci est devenu aléatoire. Exclusivement tournée vers la perpétuation de la race, la fonction glandulaire a **implosé**. Ce fut la première révolution sexuelle. Mais une révolution à l'envers. Auparavant triomphant, le sexe s'est avéré en situation de réglementation, voire de répression.

Dès lors que les hommes, plus intelligents, plus habiles, ont commencé à se regrouper en communautés, la répartition du travail a généré une différenciation sociale. A l'intérieur de ces communautés, entre individus, puis entre hommes et femmes, l'activité sexuelle a pris une nouvelle dimension, une dimension restrictive. Auparavant source unique d'un bonheur unique, le sexe est devenu également source de maux. Alors on l'a recouvert, comme pour se cacher quelque chose qu'on ne comprenait plus très bien. Pour le cacher aux autres aussi, de peur qu'ils n'interprètent mieux les signes ! A l'ancienne liberté (chasser quand on veut, manger quand on veut, copuler avec qui on veut) s'est substituée la dure obligation du travail organisé. Ce fut la fin d'une certaine anarchie sexuelle et le début des contraintes dans les sociétés naissantes. Progressivement est apparu l'embryon familial où s'imposeraient par la suite les fonctions des hommes, les fonctions des femmes.

MARIONS-LES ! MARIONS-LES !

Chez la plupart des êtres vivants, certaines fonctions, de même que certaines attitudes, sont significatives d'un sexe et non de l'autre, et presque toujours les deux sexes entretiennent des relations particulières. Dans les sociétés humaines des premiers temps, chaque sexe tenait également un rôle distinct, mais cette spécialisation finit par ne plus se limiter au domaine purement reproductif pour aboutir à un partage de toutes les activités regroupées autour de l'abri primitif. C'est ainsi que sur un territoire restreint les femelles s'occupaient des jeunes et du foyer, tandis que les mâles s'aventuraient bien au-delà, pour chasser, et contribuer ainsi à l'approvisionnement en nourriture. Les mâles assuraient également la protection du groupe.

Or, *«dans le règne animal,* constate Maryse Choisy (*La guerre des sexes*, Editions Publications Premières), *nul interdit ne frappe les actes de la femelle. Seules les conduites érotiques assignent à chaque partenaire son rôle.* [...] *Etre femme en dehors des heures d'amour et de maternité, ne semble avoir aucun sens chez les bêtes. La tigresse attaque avec la même verve que le tigre...»* Contrairement aux animaux, chez les humains, le pouvoir du mâle s'est trouvé exagéré, la complémentarité des sexes s'est transformée en opposition : sexe fort - sexe faible.

Les hommes sont forts et autoritaires, les femmes soumises et faibles, les hommes nés pour combattre, pourvoir aux besoins du groupe, les femmes nées pour **faire** des enfants,

> index > interdit >

servir de compagnes et de servantes aux hommes, voilà une idée reçue qui ne date pas d'hier. Et la grande trouvaille, ce fut bien de la verrouiller dans le corset rigide de la législation, quand la réglementation du comportement sexuel et social atteignit son point d'orgue dans le mariage, l'institution assurément la plus ancienne (et la plus triste ?) de toute l'histoire de l'humanité, destinée à sanctionner devant les hommes et, souvent, devant Dieu ou les dieux, la relation la plus durable et la plus intime qui soit entre un homme et une femme. Longtemps, le mariage demeura une affaire relativement simple. Un banal échange de serments, souvent avalisé par les familles. Lui, obtenait une mère pour ses futurs enfants et une femme de ménage-cuisinière, pour ne pas dire une bonne à tout faire. Elle, de son côté, obtenait un gagne-pain. Ni l'un ni l'autre n'espéraient autre chose.

Aujourd'hui, la société moderne a révolutionné les attitudes aussi bien de l'époux que de l'épouse. Les rôles de chacun se sont multipliés, interpénétrés. Ils débordent largement les travaux domestiques d'antan et la simple assistance économique. *«Chacun des partenaires,* écrit Peter Swerdloff (*L'homme et la femme*, Editions Time-Life), *doit être expert aux choses de l'amour, associé efficace, soutien affectif et compagnon agréable.»* Bonjour, la galère ! A l'heure de la société permissive, comment voulez-vous que ça tienne ? Déjà, dans *Sodome et Gomorrhe* (copyright Jean-Pierre Giraudoux), acte 1, scène 1, Jean Giraudoux observait en 1942 : *«Tous les charmes, se sont posés sur celui que vous épousez. Il est un orme surchargé de pinsons qui vous accueillent. Puis, semaine à semaine, chaque pinson s'envole sur un autre homme, et, au terme de l'année, votre mari est disséminé sur tous les autres.»*

> index > mariage > divorce >

SEXE INNE, SEXE ACQUIS

«L'anatomie, c'est le destin.» Freud voulait dire par là que «la biologie donne sa forme au comportement, que les hommes et les femmes sont, de par la dissemblance de leur corps, destinés à développer des besoins et des facultés différents, et à jouer dans la vie des rôles distincts.»

On sait aujourd'hui que Freud avait à la fois tort et raison. Voici, mot pour mot, une authentique anecdote rapportée par Peter Swerdloff dans *«L'homme et la femme»*, Editions Time-Life :

«En 1963, un jeune couple rural se réjouissait de la naissance de fils jumeaux, tous deux normaux, sains et beaux. Sept mois plus tard, un accident détruisait les organes sexuels externes de l'un des bébés. Il semblait condamné à un tragique avenir. Mais ses parents angoissés résolurent de suivre le conseil des médecins : «Elevez le bébé en fille.»

L'enfant reçut un prénom, une coiffure, des vêtements et des jouets féminins. La chirurgie plastique entreprit de remodeler son aspect physique, et un traitement hormonal fut prévu pour les années à venir, de façon que cet enfant transformé pût, en grandissant, connaître une vie sexuelle de femme, à l'exception de la maternité. Le fait le plus important est que les parents commencèrent à considérer leur bébé comme une fille, et à le traiter comme tel. En peu de temps, la «petite fille» devint notablement différente de son jumeau. Lorsqu'elle atteignit quatre ans et demi, sa mère rapporta :

> index > Freud >

«Elle n'aime pas être sale. Mon fils est tout différent. Je ne peux le débarbouiller pour tout l'or du monde... Quand elle met une robe neuve ou quand je la coiffe, elle est toute fière.» L'enfant né garçon était devenu fille.»

Il est clair, à travers cette histoire, que le comportement masculin ou féminin est appris, pour une bonne part, et qu'il peut être désappris. Et ce n'est pas là un cas isolé. Prenons celui des garçons manqués, celui, plus rare, des filles manquées. Il s'agit là d'enfants qui ont inconsciemment opté pour le genre de vie du sexe opposé, l'estimant plus prestigieux, plus captivant, mieux adapté à leurs aspirations. Par la suite les pressions muettes de l'environnement social, les effets de l'éducation, et la loi des hormones, remettent les choses en place.

«L'anatomie, c'est le destin» ...à condition que le comportement inné qui vient tout droit du sexe et dont l'influence est fondamentale soit complété par le comportement acquis, autrement dit par l'apprentissage. Le comportement inné exerce son influence sur trois plans : physique, affectif et intellectuel. Les hommes sont effectivement plus grands et plus forts, ils peuvent courir plus vite et lancer plus loin. Ils risquent davantage de se livrer au pugilat plutôt qu'aux soins maternels. Sont-ils pour autant plus intelligents que les femmes ? Délicate question.

Si je vous réponds qu'en réalité hommes et femmes sont doués chacun dans leur domaine d'aptitudes particulières et qu'il n'existe aucun instrument de mesure adéquat pour restituer en termes de compétition les possibilités de leur matière grise respective, ce n'est pas tant pour ménager la chèvre et le chou que pour persister dans une conviction qui nous est

> index > adolescence >

chère : la **guerre totale des sexes** est un conflit stérile. Qui a tort, qui a raison ? Maryse Choisy, dans son livre pourtant très féministe, ne pense pas se renier elle-même en affirmant que *«si l'homme et la femme n'unissent pas les atouts qui furent déposés dans leur corbeille de noces, alors, surgies de notre enfer intérieur (car la guerre est en nous avant d'être hors de nous) les forces de destruction déferleront sur le monde. Il ne restera plus que les étoiles pour cligner d'un oeil blanc sur le vide»* (*La guerre des sexes*, Ed. Publications Premières).

Nous n'en sommes pas là, mais cela peut survenir. Il faut le savoir. Le sexe nous attire, hommes et femmes, nous rapproche et nous sépare tout à la fois. Mais les différences innées ne sont pas considérables en soi. C'est l'apprentissage qui creuse le fossé. Il ne dépend que de nous que ce fossé ne se transforme pas en abîme.

> index > androgyne >

SUPREMATIE DU MATOU

Je n'ai jamais eu l'occasion d'en discuter franchement avec ma mère, cependant, avec le recul, il m'arrive aujourd'hui de me poser des questions sur l'époque de ma petite enfance.

Je ne suis dans doute pas le seul garçon à avoir joué avec un baigneur. Et je suis bien incapable aujourd'hui de me rappeler comment ce poupon en celluloïd est apparu dans ma jeune vie. Cadeau d'une tante, d'un voisin, d'un oncle, de ma marraine ? Je soupçonne plutôt ma mère de l'avoir préféré à un polichinelle. Sans doute parce qu'elle avait toujours rêvé d'avoir une fille au lieu d'un garçon. Attention, jamais ma mère ne m'a fait de confidences désobligeantes ni implicitement reproché mon sexe, mais en y réfléchissant bien je m'aperçois qu'elle m'a un petit peu élevé comme une fille. Jusqu'à ce que j'aille à l'école. Jusqu'à ce que j'échappe aux sortilèges charmants de la petite maison et du jardin maternels que je n'ai pratiquement jamais quittés jusqu'à mon âge de sept ans. Je dis maternels parce que ma mère était réellement la fée de de ce petit royaume, où mon père n'apparaissait que le midi et le soir, puisqu'il travaillait.

Curieusement, je n'ai cessé de ressentir à l'égard de ma mère comme une certaine retenue qui m'a toujours empêché de lui témoigner l'affection naturelle d'un fils, alors que je l'aimais profondément. Elle avait une manie de couper une poire en deux et d'insister pour que je croque la seconde moitié. Je le faisais en rechignant, parfois je refusais tout net, avec une agressivité mal contenue. Ma pauvre maman...

> index > matriarcat >

Je suis certain aujourd'hui qu'il y avait ce baigneur entre nous. Ce baigneur qui jetait un certain trouble dans mon sexe inné de petit garçon. Du baigneur j'étais naturellement passé à la poupée, celle de ma mère, une adorable petite créature en carton bouilli surmontée d'une délicieuse frimousse en porcelaine, qu'elle me prêtait avec les recommandations d'usage. Parce qu'elle y tenait essentiellement. Mais ça ne l'empêchait pas de me la confier, au risque de la voir abîmée. Plus fort que son vieil instinct de conservation des objets et des souvenirs était le désir de me voir jouer à la poupée.

Au cours de leur histoire, les peuples n'ont pas toujours témoigné d'un sexe inné et d'un sexe acquis en situation de conformité réciproque. Les rôles des hommes et des femmes ont varié d'une époque à l'autre comme d'un endroit à l'autre. Certes , on a vu plus souvent des femmes esclaves que des généraux en jupons, mais, de Jeanne d'Arc à la grande Catherine, il y a des exemples célèbres. De même il est des peuplades où c'est monsieur qui se charge des enfants tandis que madame n'hésite pas à manier le glaive ou la carabine. Cela veut dire que dans certaines sociétés, hormis les fonctions de procréation, les rôles masculins ou féminins ne sont pas spontanés, mais enseignés dans le cadre d'une coutume ou d'une culture. Par contre, quel que soit le rôle dévolu à l'un ou l'autre sexe, c'est toujours celui du mâle qui est considéré comme étant le plus important.

Il est passé beaucoup trop d'eau sous les ponts avant que la **«suprématie du matou»** ne commence à être sérieusement contestée. Voyez le droit de vote accordé aux femmes voici vraiment trop peu de temps. Louise Weiss, en 1932,

> index > femmes (au travail) >

lors d'une séance au sénat consacrée à ce sujet explosif, laissa tomber du haut de la tribune des invités une vieille chaussette avec cette inscription : *«Si nous votons, nous les raccomoderons quand même !»*

Dès les premiers temps, l'homme a imposé sa loi et l'impose encore. Si l'homme pêche tandis que la femme enfile des perles, c'est évidemment le poisson qui sera considéré comme le produit le plus noble. Si c'est l'inverse, l'homme n'hésitera pas à fonder son autorité sur la pacotille. L'anthropologue américaine Michelle Rosaldo a observé qu'en certaines régions de Nouvelle-Guinée les hommes cultivent des ignames et les femmes des patates douces. Ce sont là des légumes à peu de choses près identiques. Mais c'est bien entendu l'igname que l'on sert aux festins.

Et il n'est pas besoin de courir aux antipodes. Chez nous, en France, la femme qu'on apprécie derrière un fourneau domestique perd toute considération au-dessus du «piano» d'un grand restaurant. Ben voyons ! la grande cuisine ne peut être mijotée que par des hommes ! Même chose pour la couture. On ne peut s'étonner dans ces conditions que Roland Dorgelès ait pu écrire en 1931 dans *Le château des Brouillards* (Albin Michel) : *La femme rend lâche* [...]. *C'est elle qui conseille au gréviste de rentrer à l'usine, à l'artiste de faire du commerce, au soldat de plier le dos. Parce qu'elle ne pense qu'à la pâtée, qu'elle a un pot-au-feu dans le coeur. Faites-en* [...] *une machine à plaisir, mais pas un moule à gosses.»*

> index > femmes (au foyer) >

PLEINS ET DELIES

«L'opinion des hommes est quasi unanime : dans le couple humain, c'est la femme qui représente la beauté. [...] La supériorité de la beauté féminine est réelle ; elle a une cause unique : l'unité de ligne. Ce qui rend la femme plus belle, c'est l'invisibilité de ses organes génitaux. Le sexe, qui est parfois un profit, est toujours une charge et toujours une tare ; il est fait pour la race, et non pour l'individu. Chez le mâle humain, et précisément à cause de son attitude droite, le sexe est l'endroit sensible par excellence et l'endroit visible, point d'attaque dans les luttes corps à corps, point de mire pour le jet, obstacle pour l'oeil, soit comme rugosité sur une surface, soit comme brisure au milieu d'une ligne. L'harmonie du corps féminin est donc géométriquement bien plus parfaite, surtout si l'on considère le mâle et la femelle à l'heure du désir, au moment où ils présentent l'expression de vie la plus intense et la plus naturelle. La femme alors, tous ses mouvements étant intérieurs, ou visibles seulement par l'ondulation de ses courbes, garde sa pleine valeur esthétique, tandis que l'homme, semblant tout à coup régresser vers les états primitifs de l'animalité, apparaît réduit, dépouillant toute beauté, à l'état simple et nu d'organe génital. L'homme, il est vrai, prend sa revanche pendant la grossesse et ses déformations.» Rémy de Gourmont,

Physique de l'amour (Mercure de France)

Longtemps avant Rémy de Gourmont, François Villon avait

> index > corps féminin >

chanté le corps féminin, *«qui tant es tendre, poly, souef, si précieux...»* Un corps qui a suscité depuis la nuit des temps d'incommensurables convoitises, à la fois fascination suprême et convergence biologique, mentale, magique ; un corps porté par une triple promesse : perpétuer la race, donner et recevoir du plaisir. Il est symbole de la Terre nourricière, héritier des grandes religions antiques de la Grande Mère, *Magna Mater*. Il est aussi lien mystique entre la Nature, merveilleuse, mystérieuse, imprenable, et l'Homme, cet ange déchu, déçu, perdu, exilé rongé par le spleen du paradis. A travers le corps de la Femme, l'Homme éprouve une sensation divine, celle de posséder ce monde qui lui échappe constamment.

Il y a une disparité totale entre le **«vécu corporel»** de la femme et celui de l'homme, tous les psychologues l'affirment sans contestation possible. La femme perçoit son corps autrement. Elle se ressent, d'après Buy Tendijk (1), en termes *«d'arrondi, de recueil, de berceau»*. L'homme s'identifie dans le *«mouvement vers l'extérieur, le geste pour saisir, la flèche»*. La femme se représente son corps *«comme un compagnon, comme quelque chose qui, en quelque sorte, la dédouble»*. L'homme ne ressent pas cette double perception ; chez lui, physique et psychique ne font qu'un. L'image de la femme est statique, celle de l'homme cinétique. *«Le corps de la femme : ce qui m'atteint, ce qui m'échoit, ce qui me regarde. Le corps de l'homme : ce qui me permet d'intervenir, de regarder.»*

Toutes ces considérations analytiques ont leur importance dans une démarche de compréhension de l'acte sexuel, côté masculin, côté féminin.

(1) cité par Patrick Lindermohr, dans son ouvrage *J'aime le strip-tease* (Editions Rencontre, 1962).

ENVIE DE RIEN, BESOIN DE TOI

Mais d'où nous vient ce besoin d'aimer qui nous colle à la peau d'un bout à l'autre de notre vie ?

De nombreux psychologues en situent la source dans la toute première enfance. Au cours des trois premiers mois de sa vie intra-utérine, le foetus croit obscurément qu'il ne forme qu'un seul être avec sa mère. C'est ce que les spécialistes appellent **l'état fusionnel**. Avec l'expulsion qui intervient à la naissance, le foetus devenu nourrisson découvre que sa mère est *«quelqu'un d'autre»*. C'est cette prise de conscience douloureuse, cette amputation, ce déracinement, qui fixeraient à jamais dans notre cerveau le besoin d'aimer. Comme l'espoir fou de retrouver une moitié perdue. On ne peut s'empêcher de songer à Platon, bien qu'il soit distant de 2500 ans. Dans son célèbre *Banquet*, il suggère qu'à l'origine les hommes se présentaient comme des créatures doubles mais unies, jusqu'au jour où les dieux décidèrent de les sectionner en deux parties. Depuis, chacune court après l'autre !

Mais certains psychiâtres prétendent que le besoin d'aimer n'apparaît véritablement qu'au moment de l'adolescence. *«Auparavant,* explique Tony Lainé, co-créateur de la série télévisée «L'Amour en France», *nous passons par plusieurs étapes de castration. Lors de l'extirpation du nid utérin, de la cassure de l'état de fusion avec la mère, puis à la découverte de l'existence du père, et au moment de la puberté*

> index > angoisse > anxiété > castration (angoisse de) >

quand il faut réviser les images des parents jusque-là privilégiées. Les adolescents doivent faire le «deuil» de ces images. Toutes ces pertes successives, il faut les assumer.» Et le besoin, la capacité d'aimer seraient proportionnels à la manière dont aura été endossée cette série de «deuils» consécutifs. C'est ainsi que des enfants qui auront connu de grandes frustrations manifesteront un besoin d'amour tel qu'ils ne trouveront jamais de partenaire qui soit capable de l'étancher.

Envie de rien, besoin de toi... Extrait d'une chanson française contemporaine, ce raccourci exprime parfaitement l'idée de l'amour contenu. Comme une boule de pulsions, inertes en apparence, qui couvent au fond de l'être.

> index > complexe d'Oedipe > frustration >

2.

ETAT DES LIEUX 92

En 1992, alors que s'ouvre un gigantesque marché, celui de l'Europe, le sexe, en France c'est quoi exactement ? La libération des années soixante a-t-elle révolutionné les attitudes, les moeurs, les comportements ? A-t-elle modifié les mentalités ? Il nous a semblé intéressant de nous livrer sur ce sujet à un rapide tour d'horizon.

De cet état des lieux 92, il ressort que les promoteurs du sexe ont des moeurs identiques à celles de l'administration fiscale : tu craches au bassinet... percé. Le nombre de célibataires a augmenté - le couple fait toujours aussi peur - l'influence des tabous, des préjugés n'a pas diminué. Pas étonnant que les déçus du sexe soient légion. Certains s'obstinent à rechercher des sensations nouvelles. Un-deux-trois nous z'allons z'au bois (d'Boulogne), pourraient chanter les amateurs et les mateurs de rondeurs artificielles. Et le petit chemin qui sent le sida ne saurait masquer la réalité des autres maladies sexuellement transmissibles.

DES FRITES ET DE LA FESSE

Nous venons d'entrer dans les années quatre-vingt dix, sur fond de récession mondiale, avec en France trois millions de chômeurs à la clé (environ). Jamais la pression fiscale n'aura pesé aussi fortement sur notre beau pays, au moment où il se trouve confronté à des mutations économiques sans précédent. Les acquis sociaux sont bouleversés, les remises en cause permanentes. On ne voit pas le bout du tunnel à plus ou moins brève échéance. C'est la navigation à vue, au coup par coup. Et le noeud se resserre.

Peu à peu, la retraite, que l'on a décrétée possible à l'âge de soixante ans, se transforme en une lointaine et hypothétique éventualité. Les cotisations aux régimes sont obligatoires mais le versement, lui, va devenir aléatoire. Les salariés sont contraints de cracher dans un bassinet percé. On ne saurait en vouloir aux créateurs du système d'avoir manqué de clairvoyance, sinon de voyance tout court, mais, au train où vont les choses, les limites de l'absurde ne sont plus très loin.

En vertu du principe qui se dessine actuellement, on ne voit pas pourquoi la Sécurité Sociale continuerait à rembourser les frais de santé !

Comme pour couronner le tout, un petit génie administratif vient de faire une découverte autrement plus délicieuse que celle de l'Amérique : la taxe sur l'impôt. Nous entrons dans l'ère de la fiscalité gigogne.

Quand baisse le pouvoir d'achat, la délinquance augmente,

c'est bien connu. Dans certaines zones de banlieue, la police elle-même hésite à pénétrer. Là se constituent des embryons de sociétés marginalisées. De là s'échappent des raids déprédateurs qui s'abattent sur les beaux quartiers, des raids chapardeurs sur les temples de la consommation, des raids violeurs sur les femmes seules, les adolescentes, voire les fillettes.

Quel rapport que tout cela avec le sexe ? Mais, rappelez-vous, le sexe a toujours évolué en fonction de la société. Ce sont les premières communautés humaines qui l'ont recouvert. Au Moyen Age, il fut courtois et érotique ; pudique et passionnel à la Renaissance, savant et baroque durant le Classicisme, sensible et raisonnable au siècle des Lumières, romanesque et réaliste à l'époque du grand Hugo, enfin cérébral, viril, saphique et voluptueux à partir de la Belle Epoque, jusqu'à ce que survienne dans les années soixante cette trop fameuse libération sexuelle. Trop fameuse parce qu'il ne suffit pas d'ouvrir un magasin pour que la clientèle s'y engouffre. Il ne suffit pas d'annoncer que le sexe est désormais libre pour qu'il soit effectivement émancipé.

Plus dissolus que nos pères ?

Voici que débute la décennie des disettes. A moins que... un p'tit miracle, tout p'tit miracle, rhabille de neuf les mirages de l'an 2000.

Sexe, petit sexe, que va-t-il advenir de toi ?

Le contexte actuel rappelle étrangement la décadence romaine, quand des empereurs efféminés organisaient des jeux

> index > agressivité > viol > saphisme >

démentiels pour occulter la misère. Et, les yeux tournés vers le palais de César, le petit peuple ne se lassait pas de piailler : *«Panem et circenses !»* «Du pain et des jeux !»

Aujourd'hui, ce serait plutôt : «Des frites et de la fesse !» Des frites parce que la conjoncture nous dégoûte peu à peu du caviar. Quant à la fesse, inutile de vous servir un dessin. Il n'est pas une palissade, pas une couverture de magazine, qui ne recèle un quartier de viande complaisamment étalée. A certaines heures, pas toujours tardives, le petit écran familial lui-même se défoule. Dehors comme dedans, nous baignons dans le sexe comme jamais. Notre boîte aux lettres rougirait si elle savait le contenu de certains plis parfaitement anonymes. Notre téléphone se pâme, notre minitel rosit. Et il se trouve parmi nous de nouveaux prophètes pour vilipender ce moderne royaume de Sodome et Gomorrhe. Comme s'il fallait regretter le bon vieux temps de la morale bourgeoise et des amours hypocrites.

D'autres fulminent à l'opposé. Ils voudraient que volent en éclats les derniers vestiges de la morale traditionnelle. Ils s'attaquent au couple, accusent le mariage et dénoncent la famille.

Voilà bien, pour les uns comme pour les autres, des réactions excessives et prématurées. Je n'ai encore vu personne imiter sur les trottoirs la race canine ! Se libérer d'un ou plusieurs tabous sexuels est une chose, se livrer carrément à la débauche en est une autre. En dépit des divorces, le mariage a encore de belles années devant lui, sinon plus. Et la famille aussi, même réduite comme elle l'est, à sa plus simple expression : un ménage et ses rejetons.

Certes, nous nous accouplons plus facilement et (peut-être)

> index > érotisme > pornographie >

plus souvent. Serions-nous pour autant plus dissolus que nos pères ? Je ne le pense pas.

Mon grand-père - paix à son âme - fréquentait les maisons closes. Aujourd'hui, au lieu de lui administrer des remontrances de curé, le sexologue lui expliquerait la nature de cette inclination et lui dirait éventuellement de continuer !

S'il revenait sur terre, j'aimerais voir sa tête, à mon grand-père ! Il s'imaginerait au paradis... ou en enfer. Le pauvre, il ne tarderait pas à découvrir la vérité. Nous ne forniquons pas, loin de là, jusqu'à ce que mort s'ensuive. Certes, il serait médusé par les superbes nichons masculins qui hantent le bois de Boulogne. Il saliverait peut-être devant l'invraisemblable quincaillerie couleur peau des sex-shops. Il serait sûrement terrorisé en découvrant l'existence du sida. Sinon, pas grand chose de neuf sous le soleil du sexe.

Flattés dans le sens du poil

L'expression culturelle est plus souvent branchée sur nos désirs inavoués, nos pulsions les plus secrètes, nos espoirs, nos aboulies, nos actes manqués, que sur la réalité même. Un peuple opprimé cesse de chanter la liberté dès lors qu'il l'a obtenue. C'est ainsi qu'aucun frein du langage ou de l'image n'arrête plus depuis longtemps nos écrivains, nos cinéastes, nos plasticiens, nos peintres, nos sculpteurs, nos publicitaires, pour célébrer le plaisir charnel. Mais l'avons-nous vraiment obtenu ?

Il fut un temps où l'on risquait la geôle, pire encore, pour oser prendre publiquement ce parti-là. Sur les toiles des salles obscures, il est décrit aujourd'hui avec une extrême

> index > aboulie > acte manqué > sublimation >

précision ce qui n'était que suggéré dans les années cinquante. L'art glorifie l'amour fou et fredonne l'enivrement des corps. Cela ne correspond pas, loin de là, à la réalité.

Et je soupçonne fort nos chers gouvernants, de quelque nuance soient-ils, de profiter de l'aubaine - l'aubaine du fric - et de nous laisser ainsi flatter dans le sens du poil, pour tenter de nous faire oublier le reste. *«Il faut bien lui concéder un peu de plaisir»*, répondait notre médecin de famille à ma mère, qui l'interrogeait pour savoir s'il fallait continuer d'autoriser mon père, cardiaque, à prendre son verre de vin sur le coup de cinq heures.

Qu'on leur donne des frites et de la fesse ! pourrait-on lancer aujourd'hui à l'adresse de populations décontenancées par les conséquences du progrès. On ne l'énonce pas délibérément en conseil des ministres ou dans les cabinets ministériels, cependant, consciemment ou non, la république a pris ce train-là en marche. Si besoin, elle manipule l'aiguillage.

Voyez les jeunes. Sont-ils réellement plus avertis que ne l'étaient leurs aînés ? Abordent-ils aux rivages de Cythère en toute connaissance de cause ? Les avortements juvéniles, les mariages avant terme, les désillusions avant l'âge, prouvent le contraire. Et les risques de dérapage sont plus grands pour de jeunes esprits abusés par un climat permissif.

Souvent, pour cette affaire délicate de l'éducation sexuelle (les Catholiques préfèrent le terme d'éducation affective et ils n'ont pas tort), les parents comptent sur l'école ...et l'école sur les parents. Personne en réalité ne fait sérieusement les choses.

Aucun manuel de sexologie enfantine, fût-il le meilleur, ne saurait émettre le climat d'affection et de tendresse nécessaire pour aborder certaines questions. Aucun enseignant ne saurait se substituer à la sensibilité d'une mère ou d'un père. Les deux doivent être complémentaires. Si les choses étaient bien faites de part et d'autre, toujours plus ou moins incrédule par rapport aux affirmations de ses parents, l'enfant pourrait contrôler à l'école ce qui lui aurait été confié à la maison.

Nous baignons comme jamais dans le sexe, mais cette baignade-là n'est pas réellement imaginée pour contribuer à notre bien-être. Les yeux fixés sur le porte-monnaie, ses promoteurs agissent sans aucun discernement, sans aucun souci du bien public.

> index > affectivité > sexologie >

ATTACHE-CASE, ATTACHE-SEXE...

Bien décidé à découvrir ce que charrient réellement les marées sexuelles contemporaines, j'ai donc pris le bateau. Le premier brisant sur lequel je me suis échoué, c'est celui du célibat, que Victor Hugo qualifiait de *«suicide affreux»*. Force est de constater qu'on *se suicide* de plus en plus aujourd'hui. Ce qui ne veut pas dire qu'on fait voeu de chasteté pour autant.

Chasteté, abstinence... Chaque fois que j'entends prononcer ces mots, je ne peux m'empêcher de sourire au souvenir de ce collègue brutalement jeté dans cette situation que j'estimais peu enviable. Il faut dire qu'à l'époque j'étais encore nanti d'une prodigieuse naïveté et je n'imaginais pas que l'on puisse copuler ailleurs que dans les liens sacrés du mariage, sous peine d'être banni à jamais du pays des bonnes moeurs. Voilà pourquoi, quelques mois plus tard, je m'inquiétai auprès de ce «pauvre ami» d'un éventuel déséquilibre. *«Si tu crois que je me l'attache tous les matins autour de la cuisse...»* J'en restai pantois.

Depuis, j'ai surtout rencontré des femmes qui renoncent pour un temps à leur sexualité. Et contrairement à ce que pensent de nombreux séducteurs, une femme privée de toute relation charnelle n'est pas obligatoirement en danger de stress. Pas d'éruption de boutons, pas d'agressivité soudaine, pas de crises de larmes qui soient forcément provoquées par une continence subite.

> index > célibat >

L'être humain ne saurait vivre sans boire, ni manger, ni dormir, mais il peut très bien se passer du sexe. C'est vrai pour l'homme (mais oui !), ça l'est encore plus pour la femme dont les pulsions épousent des courbes différentes.

Certes, il y a effectivement des femmes qui **subissent** un état d'abstinence et le vivent très mal. Elles éprouvent comme un sentiment d'exclusion et par voie de conséquence elles se referment sur elles-mêmes. Mais ce n'est pas la généralité, loin s'en faut. Il en est au contraire qui choisissent délibérément le célibat, en attendant de voir comment va évoluer leur existence. Il en est aussi qui apprécient une certaine solitude parce qu'elles tiennent plus que tout à leur indépendance, à leur intimité, à leur espace vital, toutes choses qu'il est difficile de préserver dans le cadre d'une relation à deux. Vie professionnelle, opportunités de promotions, de voyages l'emportent sur le reste, y compris une sexualité normale. Dans ce cas, le psychologue parlera de **sublimation** de la pulsion sexuelle, sublimation obtenue dans une situation de libre choix total.

L'option du célibat, n'en déplaise au grand Victor, se rencontre aussi - et de plus en plus fréquemment - chez les hommes, et pour les mêmes raisons, mais elle sera vécue différemment. La sublimation masculine par contre est moins fréquente. Du moins chez les particuliers. Car, depuis l'an 300, l'année du concile d'Elvire, le célibat est imposé aux prêtres catholiques, décision confirmée au XVIème siècle par le célèbre concile de Trente.

La même question revient sans cesse aux oreilles de l'un de mes amis, prêtre catholique justement. *«Mais comment fais-tu pour assumer ta sexualité ?» «En aimant tous ceux qui*

> index > femmes > mères > (célibataires) >

gravitent autour de moi, répond-t-il invariablement. *Le lien du mariage a quelque chose de restrictif. Si j'étais marié, je ne pourrais me consacrer totalement aux autres. L'amour que je porterais à une seule et unique personne me priverait d'une large part de ma disponibilité affective. Bien sûr, je renonce au plaisir charnel, certainement intense mais fugitif ; en contrepartie une joie bien plus durable m'est donnée. Quand tu t'investis entièrement pour servir ton prochain, tu reçois encore plus. Et je me refuse à dire comme certains que j'ai fait le sacrifice de ma vie. Au départ, oui, parce que j'ai renoncé à ce que font la plupart des êtres humains. Mais ce que j'ai découvert ensuite est tellement plus riche qu'en fait je me considère plutôt comme un petit verni.»*

Bravo, curé ! La démarche est sincère, authentique, ce qui n'empêche pas quelques ratés. Il y a de plus en plus de prêtres qui se marient. Il y a aussi ceux qui s'intéressent parfois de trop près aux petites filles du catéchisme. Il y a aussi ces vieux écclésiastiques un peu dérangés qui s'époumonnent dans les couloirs des maisons de retraite après la femme de service et qui payent ainsi chèrement le sacrifice de leur sexe. Le voeu de chasteté n'a jamais empêché les belles érections matinales. La nature se moque des conventions humaines. Le sexe travaille toujours, dans le secret de la chair. Cela dit, toute abstinence sexuelle volontairement assumée ne comporte pas de gros risques. Au contraire, elle peut générer des enrichissements dans la mesure où l'individu manifeste ainsi son aptitude à développer d'autres centres d'intérêt. Cependant, si elle se prolonge, il faut savoir tout de même que le sexe s'use si l'on ne s'en sert pas !

Alors, si vous le déposez dans un attaché-case, n'en égarez pas la clé...

> index > prêtres >

TABOUS CASSE-COU

En 1967 paraissait chez Laffont un livre capital, *Les Relations sexuelles*, dans lequel William Masters et Virginia Johnson coupaient le cou à un certain nombre d'idées reçues pour promouvoir dans le couple une véritable compréhension mutuelle et réciproque de la sexualité.

Chouette ! on allait enfin reléguer au placard de l'histoire les vieux interdits, les préjugés, les tabous et engager la société tout entière - y compris à l'école - sur le chemin d'une véritable éducation sexuelle.

Mais, comme l'écrit Denis de Rougemont dans *Le mythe de Tristan* paru chez Plon, *«le caractère le plus profond du mythe, c'est le pouvoir qu'il prend sur nous, généralement à notre insu»*.

Plus de vingt ans après et en dépit d'une littérature abondante consacrée à ce sujet autrefois censuré, les relations sexuelles n'ont guère évolué et les vieux démons continuent de désintégrer des couples faits pour durer. Les mythes du sexe s'en donnent à coeur joie dans nos tissus intérieurs ! En voici quelques-uns que nous avons recensés pour notre état des lieux 92. Et cette liste est loin d'être exhaustive.

> ***Le plaisir féminin pendant le coït est instinctif.*** C'est faux, pour la majorité des femmes. La femme apprend à éprouver du plaisir et d'autant mieux si son mari le lui enseigne avec compétence et douceur.

De nombreux couples parviennent à l'automne de leur vie sans avoir résolu cette contradiction physiologique et psychique qui fait dire à l'épouse que son mari est un obsédé et à l'époux que sa femme est frigide.
En réalité, instinctivement, l'homme développe sur le plan physique une réaction heureuse et ses besoins sexuels sont plus forts. L'harmonie du couple doit se fonder sur des extrêmes, ce n'est pas facile.

> ***Les femmes ont moins d'appétit sexuel que les hommes.*** Eh bien, les apparences sont souvent trompeuses. En réalité beaucoup de femmes (libérées sexuellement) continuent d'éprouver une certaine honte à prendre l'initiative ou à suggérer certaines caresses. Elles s'abstiennent donc la plupart du temps et on prend cela pour de la passivité. Quel dommage. Et quelle frustration !

> ***Les femmes se refusent fréquemment parce qu'elles n'aiment pas faire l'amour.*** En fait, il y a de multiples raisons pour qu'elles n'en éprouvent pas l'envie, ça ne veut pas dire qu'elles n'aiment pas. La première, c'est la fatigue. La seconde, ce sont les soucis quotidiens. La troisième, ce peut être une querelle de ménage. Une femme n'oublie pas tout sur l'oreiller tandis que l'homme dissocie aisément désir physique et sentiments.

> ***L'hymen d'une femme vierge demeure intact jusqu'à ce qu'elle perde cet état.*** Ce n'est pas toujours vrai. De plus en plus, ces demoiselles font du sport, ajoutez l'usage périodique de tampons, complétez par divers examens gynécologiques, et vous comprendrez que cette mem-

brane se trouve sérieusement mise à mal. Tout dépend de sa solidité. Elle est variable suivant les individus.

> ***La sexualité est avant tout une affaire de technique.*** Encore une erreur grossière. Si on laisse ses émotions au vestiaire, pour se limiter à un simple où-quand-comment-caresser-l'autre, on va au-devant de sérieuses désillusions. Il faut effectivement bien connaître les techniques mais elles n'excluent pas du tout l'inspiration du moment. Laissons aux films pornographiques l'unique souci de la performance.

> ***L'amour devient ennuyeux si l'on ne change pas de partenaire.*** Il est vrai qu'en Normandie, le changement d'herbage réjouit les petits veaux... Mais il serait bien inutile de changer de coéquipier si on manque d'audace, d'imagination, de spontanéité.
Si au contraire on cherche à bien connaître son partenaire, si on lui donne véritablement du plaisir, il y a de fortes chances pour que s'éloigne le spectre de l'ennui et de l'indifférence. Dans le cadre d'une relation sincère, l'amour ne s'évanouit pas aussi facilement.

> ***On ne fait bien l'amour que si on satisfait l'autre.*** «On fait l'amour avec quelqu'un, non pour quelqu'un», répliquent Masters et Johnson. Nous ne saurions être totalement garants du plaisir de l'autre. L'amour est un échange où les partenaires s'entraident mutuellement à trouver la satisfaction du plaisir.

> ***Après dix-huit ans débute chez l'homme le déclin sexuel.*** Il est exact que la production de testostérone, cette

hormone qui détermine le comportement sexuel masculin, atteint son apogée à cet âge-là, pour décliner ensuite inexorablement. Qu'importe, la physiologie n'est pas tout dans l'acte sexuel. Le mental intervient pour une grande partie.
Le comportement amoureux d'un homme sera nettement supérieur s'il se connaît et connaît parfaitement sa partenaire alors que le garçon de dix-huit ans ne s'intéresse généralement qu'à l'attrait physique.
Le degré d'amour, son raffinement, ne sauraient se mesurer au nombre d'éjaculations/jour...

> ***L'alcool décontracte et favorise les rapports.*** Rien n'est plus faux. Les hormones mâles présentes dans le sang ne résistent pas aux excès de boisson, leur taux baisse, et, bien que le désir soit là, éventuellement favorisé par une goutte d'alccol, ce qui peut lever les inhibitions, la machine vasculaire tourne à vide, l'érection est laborieuse et l'éjaculation ne vient pas.

> ***Les femmes libérées, indépendantes, font les hommes impuissants.*** L'impuissance résulte souvent d'un sentiment masculin d'insécurité, elle est rarement provoquée par la femme. Les hommes préfèrent forcément la partenaire active à celle qui attend qu'on la fasse grimper toute seule jusqu'au nirvâna.

> ***L'acte sexuel devrait toujours se traduire par une communion totale, à la fois physique et sentimentale.*** Ben voyons... Serions-nous par hasard des héros de roman ? Plus simplement des êtres humains. Et nous ne sommes pas toujours dans la meilleure forme. Il faut donc nous

tenter des variations saisonnières et apprécier le meilleur quand il survient.

> ***Le désir doit toujours survenir de lui-même.*** Pas possible ! Dans ce cas, vous risquez d'attendre longtemps. Le désir, au contraire, a besoin d'être favorisé. Dans le stress contemporain, il faut se ménager des instants privilégiés où l'intimité favorisera le réveil de la nature.

LES DECUS DU SEXE

Passion éternelle, union impossible, coup de foudre, libertinage, transfert, diabolique attirance, folie brûlante, ce sont là quelques-unes des multiples facettes de l'amour. Il serait certes possible d'établir une classification des relations amoureuses, en réalité chacune est unique.

Par souci de clarté, je n'en retiendrai pour ma part que deux types : l'amour «construit» et l'amour «passion», dont dérivent tous les autres, de toute manière.

Le premier comme le second ont évidemment le sexe pour détonateur commun. *«Ainsi qu'au début il est formé par le désir, l'amour n'est entretenu, plus tard, que par l'anxiété douloureuse»*, écrit Marcel Proust dans *La prisonnière*. Le premier terme est important. «Ainsi qu'au début il est formé par le désir...»

Quoi qu'on tente parfois de s'en défendre, au commencement est le désir, à l'état nu. Nous ressentons l'effet d'une attraction plus sexuelle que sentimentale qui déclenche en nous un mécanisme particulier et nous emporte dans une folle opération de prise de possession de l'être désiré.

Les premières phases du phénomène sont mentales. Nous rêvons d'abord, nous nous imaginons en situation, nous fantasmons.

Le passage à l'acte, qu'il s'agisse pour débuter d'une déclaration émue ou d'un simple effleurement de la main, est subordonné à notre volonté, laquelle va favoriser ou réprimer

> index > désir >

ce désir qui nous soulève et nous galvanise. Le plus dangereux en ces premiers instants de la rencontre, c'est bien sûr de confondre amour et désir. Combien d'unions ratées à la suite de ce terrible malentendu !

Dans l'amour «construit», le sujet fait preuve de suffisamment de lucidité pour ne pas se laisser aveugler par chacune de ses expériences sentimentales. Au contraire, celles-ci finissent par constituer tout un ensemble de jalons, de repères. Peu à peu s'élabore un portrait-robot de l'être aimé. Le jour où l'autre sexe en épouse à peu près les contours, l'identification intervient et engage la procédure amoureuse sur des bases réalistes, réfléchies.

Cet amour-là veut tout connaître de l'autre, surtout ses défauts. Il s'agit d'un cheminement lucide qui n'empêche pas le couple de tomber sous le charme d'une tendresse magique. Et c'est alors que surgit l'anxiété douloureuse dont parle Proust. C'est elle effectivement qui entretient le lien amoureux. Parce qu'aucun des deux partenaires ne se prend pour une fée ou pour un prince charmant. Chacun sait qu'à tout moment peut s'engager un processus de rupture. On assiste alors à une remise en cause quasi quotidienne de soi-même, dans une reconquête permanente de l'amour.

«Comme des vaches amoureuses»...

A l'opposé le plus absolu de l'amour «construit», l'amour «passion» est le fruit d'une illusion. On va d'abord et sans le savoir chercher dans l'autre une image gratifiante de soi-même. Littéralement dopé, sous le choc, on s'entête à rester sur son petit nuage. On croit aimer l'autre, alors qu'on s'aime d'abord. Et on attend de l'autre qu'il soit aussi fasciné que soi. S'il a le malheur de redescendre plus vite, on devient très malheureux.

Souvent, dans l'amour «passion», l'un des deux partenaires est follement épris, l'autre follement flatté de susciter pareille adulation. La méprise, narcissique dans les deux sens, peut durer quelques semaines, quelques mois, rarement quelques années. Elle aboutit souvent et rapidement à une remarque cinglante dans le genre : *«On ne va pas se regarder tout le temps comme des vaches amoureuses !»* Alors, peu à peu, s'installe un sombre et déchirant climat.

L'amour fou ne comprend pas ce qui arrive. Il s'accroche, il persiste. L'amour flatté commence à trouver le temps long et pesant. Il s'octroie de petites libertés, y compris celle du sexe. L'autre, dépouillé de tout état de grâce, devient gauche, maladroit, stupide. Il s'enfonce, se ridiculise. Il est parcouru par de noirs pressentiments. Il réagit mal. Il épie. Le reproche ne tarde pas, accablant : *«Tu es possessif(ve) !»*

Déjà Taine, le philosophe, en 1868...

La libération sexuelle des années soixante fut aussi une méprise. La routine et les contraintes tuent l'amour ? Alors on va s'en occuper et les éliminer. Pour commencer, je divorce. Ensuite, je m'envoie en l'air le plus souvent possible. *«On s'étudie trois semaines, on s'aime trois mois, on se dispute trois ans, on se tolère trente ans, - et les enfants recommencent»*, écrit Taine en 1868 dans *Vie et opinions de Frédéric-Thomas Graindorge.*

Cent ans plus tard, à partir de 1968 ! on cesse de s'étudier. C'est inutile puisque de toute façon l'amour aboutit à l'échec.

Se disputer trois ans, voilà bien qui est ridicule pour les épicuriens que nous sommes. A la moindre dispute, je fais mes valises. Et ça évitera de se tolérer trente ans (le comble de l'hypocrisie !). Quant aux enfants, évitons d'en faire. Un gniard, c'est contraignant. Il faut toujours trouver des nourrices pour sortir le soir.

Que reste-t-il ? S'aimer, du moins s'éclater, trois mois ou trois semaines, qu'importe, pourvu qu'on profite au maximum. Puisque c'est la rencontre qui a le plus de charme, alors on va tenter de la multiplier à qui mieux-mieux. Au moins on aura vécu, et c'est l'essentiel. Et puis, allez !, plus de chichis, voilà que les femmes se mettent à courir après les hommes. De l'autre côté des Alpes, quelque part en Italie, Casanova s'est retourné dans sa tombe.

Plus de vingt ans plus tard, seuls à en pleurer, les déçus du sexe commencent à se dire qu'après tout une relation durable, ça ne serait pas si mal. Dans un climat de tendresse et d'affection.

Vous avez dit tendresse ? Je sens qu'on va se remettre à rêver au prince charmant, à la fée. L'histoire n'est qu'un éternel recommencement.

ALLONS-Z-AU-BOIS

Avant l'apparition du christianisme, les peuples dits païens vouaient à leurs divinités un culte à la fois charnel et spirituel. L'exaltation religieuse des plaisirs de la bouche et du sexe comptait autant, sinon plus, que celle des perceptions de l'esprit.

Offrir au dieu ce qu'il y avait de meilleur au monde - des fruits, par exemple - ne pouvait que lui plaire. C'était aussi une façon de signaler qu'on savait apprécier les bonnes choses. On ne pouvait dans ces conditions que remercier les puissances divines de les avoir mises à disposition. Or, s'attachant, partout où ils passaient, à renverser les faux dieux, les premiers apôtres chrétiens fustigèrent à la fois les pratiques et les croyances. C'est ainsi que le sexe, élément sacré, est retombé au stade de l'animalité.

Pourtant, l'ancien testament n'a rien d'un ouvrage prude. Bien au contraire.

«Embrasse-moi, embrasse-moi donc ! Ton amour m'enivre plus que le vin [...] *conduis-moi dans ta chambre, rends-nous follement heureux tous les deux...»*

Vous aurez peut-être reconnu le fameux **Cantique des Cantiques** des écrits de Salomon. C'est le plus voluptueux de tous les chants d'amour.

Faut-il rappeler que, dans la Bible, liaisons prénuptiales, adultère, ne sont jamais explicitement condamnés ? Le père Abraham pratiquait lui-même la polygamie, ouvertement et joyeusement.

> index > bible > polygamie >

En préconisant que les seules joies valables pour l'être tourné vers son créateur sont celles de l'esprit, la civilisation judéo-chrétienne a tiré un trait malheureux sur une petite chose réputée immonde et qui ne l'est pas, la réduisant à un simple outil de reproduction, dépouillant donc l'acte sexuel de tout ce qu'il a de mystique, ne retenant que le plaisir, un plaisir à partir de là interdit en dehors de toute intention de procréation.

C'est le plus bel exemple de castration mentale de toute l'histoire, prescrite au monde entier. Voulant libérer les hommes du sexe, le christianisme n'a fait que distiller, siècle après siècle, surtout à partir de saint Augustin, né en l'an 354, une épouvantable névrose, dont nous souffrons encore aujourd'hui.

Le quiproquo de saint Paul

Il n'est pas vrai que l'apôtre Paul, cet ardent propagateur de la foi des premiers temps, ait vraiment voulu que s'instaure pareil excès.

Effectivement, dans sa première lettre aux Corinthiens, il énonce à peu près *«qu'il est bon pour l'homme de ne jamais toucher à une femme»*. Mais il souhaite par là que beaucoup d'hommes renoncent au mariage et se consacrent à Dieu. Pour les autres, ceux qui sont mari et femme, dans cette même lettre, il précise bien : *«Ne vous refusez pas l'un à l'autre !»*, sauf d'un commun accord pour vous consacrer momentanément à la prière, ajoute-t-il.

Les successeurs de Paul éluderont gaiement la question sexuelle en ne voulant bien retenir que l' appel à la continence. Horrible malentendu, néfaste interprétation ? Ou en-

> index > culpabilité > Vatican II (femmes) >

core mauvaise volonté, paresse intellectuelle, de gens qui n'ont pas voulu s'embarrasser avec les problèmes du sexe ? Il est tellement plus facile de proscrire que d'enseigner.

Toujours est-il que le quiproquo de saint Paul se transformera par la suite en sainte horreur de la chair, avec à la clé l'interdit, et sa fille : la culpabilité.

On peut encore pardonner à Saint-Augustin d'avoir manqué de recul. Mais il est clair aujourd'hui que les premiers apôtres pensaient que le retour du Christ était imminent. Ils conseillaient donc à leurs brebis de ne pas se marier pour accommoder leur âme dans la perspective de cette proche éventualité.

Mais deux millénaires après, on attend toujours. On s'est ligaturé le sexe pour rien.

Quittant l'or dont l'avaient paré les Anciens, le sexe est devenu suivant les cas instable, imprévisible, débridé, inerte, frustré, cruel, sadique, en un mot hasardeux.

Je ne veux pas dire par là que le paganisme était dépourvu d'avatars - la prostitution notamment a toujours existé - mais ce qui est dommage c'est qu'avec le christianisme le sexe ait été du jour au lendemain jeté dans un ghetto et livré à lui-même.

Une certaine initiation au plaisir a cessé. Interdit hors les liens du mariage et réprimé à l'intérieur même de ces liens, le sexe a quitté son milieu naturel, le couple, la famille, pour se réfugier dans la clandestinité, où il a achevé de se corrompre.

Certes, pour s'avilir, il n'avait pas besoin de la morale chrétienne, mais celle-ci n'a pas arrangé les choses. Bien au contraire, elle l'a banni du pays des bonnes moeurs et livré un peu plus au «plus vieux métier du monde».

> index > culpabilité >

Le fric d'abord, le sperme ensuite

Contrairement à ce que l'on pourrait croire, la prostitution n'a jamais été la meilleure école du sexe, ni même du vice. La prostituée de base en action n'a qu'un but : accélérer le processus d'éjaculation pour être débarrassée le plus vite possible du poids de son client. Elle tire le fric d'abord, le sperme ensuite. Et hop ! la voilà prête pour une autre et double transfusion. Seule, la cocotte de luxe dispense certaines fantaisies, jusqu'à les envelopper d'une apparence de sentiment, mais ses services ne sont pas à la portée du client ordinaire, peu argenté la plupart du temps.

L'illustration suprême de tout ce gâchis, c'est bien au Bois de Boulogne qu'on la trouve, tristement notoire dans toutes les parties du monde, plus célèbre encore, à présent, que Pigalle ou la rue Saint-Denis. C'est là que rêvent de travailler un jour tous les travestis du globe, ces nouvelles et bizarres créatures, mi-hommes mi-femmes, ni hommes ni femmes, bêtes curieuses de fête foraine, enfermés le jour dans des hôtels minables, lâchés entre chien et loup, quand la dernière poussette familiale est passée.

Pas plus que l'industrie du sexe, la prostitution galopante d'aujourd'hui, plus diversifiée qu'hier, n'apporte un élément de réponse aux problèmes affectifs contemporains.

Bon an, mal an (les prostituées souffrent comme n'importe quel commerce de la mauvaise conjoncture) les clients abondent. Un certain nombre, parce qu'ils ne trouvent pas le moyen de se réaliser sexuellement dans leur environnement habituel. Il s'agit, là encore, de déçus du sexe qui courent après une illusion. Ils sont persuadés d'avoir épuisé toutes les solutions possibles et imaginables. En dernier recours, ils

> index > prostitution >

s'offrent une saison en enfer. Quelques minutes plus tard, ils se retrouvent sur le trottoir, certes soulagés mais un peu plus écoeurés. Alors, ils se disent qu'ils sont tombés sur une mauvaise femelle. Et ils recommencent.

Dans leur misère sexuelle, la pute c'est comme une drogue, et une drogue qui les satisfait de moins en moins.

Voilà où nous en sommes plus de vingt ans après Mai 68. N'en déplaise à feu Marthe Richard, la célèbre *«Maison Tellier»* décrite par Guy de Maupassant avait par certains côtés des vertus curatives.

J'ai moi-même croisé, dans un bar de Panama, une ancienne de Pigalle, tout édentée, qui m'a confié que *«les jeunes prostituées d'aujourd'hui ne savent plus travailler»*. Son indignation n'était pas feinte. Et elle semblait avoir une haute opinion du client.

Tout fout le camp, mes enfants !

> index > bisexuels > homosexuels >
> transsexuels > sadisme > sado-masochisme >

SIDA & CO

On parlait autrefois de maladies vénériennes, et même de maladies honteuses. L'appellation **«maladies sexuellement transmissibles»** (ou M.S.T.) a été conçue par souci d'une meilleure information. C'est plus long, mais plus clair, à la portée de tous. En outre, associé jadis au monde de l'interdit, de l'équivoque, du scandaleux, il convenait de débarrasser le mot **vénérien** de son trouble mystère et de tous les sous-entendus générés par la morale bourgeoise.

Une maladie vénérienne ne s'attrape pas uniquement lors de rapports illégitimes. Elle n'est pas obligatoirement la conséquence d'une faute, punition qui serait infligée par un dieu vengeur. Une maladie vénérienne se transmet le plus simplement du monde, que l'on ait l'esprit sain ou tordu, elle n'est pas réservée à ceux qui commettent un péché.

Quand on dit **M.S.T.**, on pense tout de suite **Sida**. C'est effectivement le fléau le plus redoutable de cette fin de siècle. Même si l'espérance de vie des malades tend à s'allonger aujourd'hui grâce à certains produits immuno-réparateurs, le virus HIV poursuit inexorablement sa progression.

On prévoyait en France en juin 90 environ 20.000 cas déclarés (séropositifs ayant basculé dans la maladie) pour la fin 91. A Paris, dans la tranche des 25/44 ans, un décés sur quatre est imputable au Sida.

Et *«le pire est devant nous. Ne nous faisons pas d'illusions»*, assure le Professeur Jonathan Mann, l'ex-Monsieur

Sida de l'Organisation Mondiale de la Santé. 30 millions d'individus seront porteurs du virus en l'an 2000. Effrayant.

Cependant, l'irréversibilité actuelle du Sida ne doit pas occulter le reste. Si l'on en croit l'O.M.S., tous les quarts de seconde, quelqu'un dans le monde contracte une maladie sexuellement transmissible, qu'il s'agisse de l'herpès, de la syphilis (cette ancienne malédiction) ou de la blennorragie que les marins ont immortalisée sous le vocable plus imagé de chaude-pisse. Et 60 % des stérilités féminines sont liées à des M.S.T. On a trop souvent tendance à l'oublier.

Or, la syphilis est en train d'opérer une remontée spectaculaire. Elle est certes devenue une maladie bénigne, à condition cependant d'être dépistée dès les premiers symptômes. C'est pourquoi le moindre écoulement purulent à l'extrémité de la verge, une brûlure ou un picotement lors de la miction, des pertes vaginales fétides et irritantes, des rapports sexuels douloureux, des rougeurs persistantes ou un bouton apparemment anodin sur les organes génitaux doivent inciter à consulter sur-le-champ.

Chaque été, on assiste en France à une recrudescence des M.S.T. Chaque année, un million de Français environ sont touchés.

Gonococcie, un classique

En effet, le *gonocoque*, responsable de la gonococcie, ou gonorrhée, ou blennorragie (chaude-pisse) est un vieux compagnon de l'espèce humaine.

Avec la syphilis, cette affection fait partie des maladies vénériennes les plus classiques. C'est elle aussi qui, chaque année en France, obtient le meilleur score.

Autant les symptômes sont brutaux chez l'homme (envie fréquente d'uriner, brûlures lors de la miction, écoulement purulent à l'extrémité de la verge), autant ils sont quasi silencieux dans l'organisme féminin (des pertes insignifiantes, quelques brûlures en urinant ou une légère démangeaison).

C'est souvent l'apparition du virus chez l'homme qui incite à soigner en même temps la femme, pour mettre fin à la contamination réciproque. Il est donc indispensable que l'alerte soit donnée, d'autant plus que non traitée, cette affection peut provoquer chez un sujet féminin une **salpingite** (inflammation des trompes de Fallope) avec risques de **stérilité**. Il faut également noter que le germe peut rester vivant plus de seize heures sur une serviette ou sur un siège de W.C. Le coup de la maladie attrapée dans les cabinets n'est pas toujours un artifice ! Je connais un garçon, très amateur de dames, qui, atteint d'une chaude-pisse, avait prévenu sa compagne en l'assurant qu'il avait été contaminé dans des toilettes publiques. En réalité, c'est sa femme elle-même qui lui avait refilé le gonocoque ! Sans commentaires...

La maladie incube de quelques heures à trente jours. Par voie orale ou intramusculaire, le traitement est simple et rapide grâce aux antibiotiques.

Chlamydiose, la petite cousine

Véhiculée par le *chlamydia trachomatis*, la chlamydiose est une blennorragie non spécifique (le colporteur n'est plus le gonocoque), c'est la petite cousine, en ce sens que les symptômes sont identiques mais très atténués. Là encore,

> index > stérilité >

l'homme est alerté plus facilement, par un écoulement clair qui s'échappe du méat urinaire ainsi que par des élancements permanents au niveau des bourses. C'est le signe d'une **épididymite** aiguë.

Parfois, la femme ressent de fortes douleurs dans le bas-ventre, voire dans le dos. C'est le pronostic de la salpingite. Celle-ci s'est investie en silence ; dans ce cas la stérilité est irrévocable. Le traitement de la chlamydiose est aussi à base d'antibiotiques.

Il existe d'autres cas de blennorragie non spécifiques, où symptômes et traitement sont plus ou moins analogues.

Citons les **mycoplasmes**, fortement soupçonnés eux aussi de provoquer stérilité, salpingites ou fausses couches. Citons aussi les **candidoses génitales**, déclenchées par le *candida albicans*.

Ce petit champignon vit d'une manière toute pacifique dans notre intestin. Mais dans les cas de surpopulation, il remonte le tube digestif (c'est l'apparition du muguet sur les muqueuses buccales). Ou bien, il descend et se fixe sur l'anus ou sur les organes génitaux. On parle alors de candidose génitale. 30 à 40 % des candidoses se transmettent par le biais des rapports sexuels.

Dans tous les cas, blennorragies ou infections analogues, hygiène et régime sont indispensables. Toute absorption de boisson alcoolisée réduit l'efficacité des antibiotiques.

Il importe aussi de se laver soigneusement les mains, chaque fois que l'on a touché la zone contaminée. De même le linge de corps fera l'objet d'un lavage intensif si l'on veut le réutiliser sans risques.

Herpès génital, la toute première fois

En effet, le virus de l'**herpès génital** (*herpes virus simplex*) se contracte souvent lors du premier rapport sexuel. C'est dans la majorité des cas une affection bénigne.

Elle se signale par l'apparition de menues vésicules qui muent rapidement en un bouquet de petites cloques à liquide clair. Celles-ci se rompent et font place à de petites érosions, d'où tombent par la suite de menues croûtelettes. La cicatrisation intervient sans laisser de traces. L'herpès génital s'accompagne de démangeaisons, d'irritations plus ou moins violentes et de brûlures urinaires.

Le traitement fait appel à des comprimés ou à une créme à base d'aciclovir. Il n'est pas toujours définitif. Souvent, la maladie récidive. Elle peut être dangereuse dans le cas d'une femme enceinte. Lors de l'accouchement, le nouveau-né peut se trouver contaminé et développer une méningite herpétique extrémement grave.

Syphilis, l'ancien sceau de l'infamie

De fait, cette maladie (communément appelée la vérole) fut longtemps une véritable malédiction, marquant du sceau de l'infamie ceux qui avaient le malheur d'en être atteints. Il n'en est plus rien aujourd'hui, mais son agent, le fameux *tréponème pâle*, n'en est pas vaincu pour tout autant.

L'évolution se fait en trois phases, sinon quatre. La première dure de trois à six semaines. Elle est caractérisée par l'apparition du chancre, dont la localisation est des plus variée : les organes génitaux, l'anus, la lèvre, la langue, la gencive, l'amygdale, le doigt, le sein, le cou...

Le chancre est une lésion indolore, comme une petite induration, ou une petite plaie, parfois suintante, accompagnée d'une réaction ganglionnaire de voisinage. Même en l'absence de soins, la cicatrisation intervient mais la maladie persiste.

La phase secondaire (environ 45 jours après la formation du chancre) correspond à une belle éruption cutanée constituée de menues taches roses, rondes ou ovales, sur le thorax, l'abdomen ou les membres. En l'absence de démangeaisons, on peut penser alors à une banale allergie, qui ne tarde pas à s'estomper d'ailleurs, au bout de quelques semaines. Il arrive qu'à ce stade, le patient se plaigne de maux de tête et présente une inflammation notable des ganglions. C'est la phase la plus contagieuse, précédant la phase tertiaire, rarissime aujourd'hui.

Rarissime parce que dès le premier degré, la syphilis signe son forfait dans le sang même du patient. On peut donc la détecter rapidement par une simple analyse et mettre en oeuvre le traitement antibiotique correspondant. Fort heureusement, car une syphilis non traitée est extrêmement grave. Entre les périodes de rémission, plus ou moins longues, le tréponème pâle s'attaque aux organes profonds, comme le cerveau, l'aorte, le coeur, tout le système nerveux.

La syphilis se transmet par contact sexuel, caresses, coït, baisers bucco-génitaux, mais éventuellement, comme la blennorragie, par l'intermédiaire d'objets souillés, serviettes, cuvette des W.C., etc. D'où l'importance de s'entourer de précautions quand on pose ses fesses sur une lunette à grande circulation !

Soulignons enfin qu'il ne faut pas confondre le chancre de la syphillis avec celui du **chancre mou**. Dans la **chan-**

crelle, une maladie très fréquente dans les pays tropicaux, propagée par *l'hémophilus Ducreyi*, le chancre est très caractéristique : rouge vif, purulent, bords nets, décollés. Il se multiplie par auto-contamination. Pour combattre le virus, on utilise notamment des sulfamides.

Crêtes-de-coq, les verrues du sexe

Les **crêtes de coq** ou végétations vénériennes (ou encore condylomes acuminés) ne sont pas autre chose que les verrues du sexe, ce qui explique leur caractère contagieux, tenace et récidivant.

Elles se présentent, comme leur nom l'indique, dentelées comme une crête de coq, chez l'homme sur le sillon balano-préputial, sur le frein ou sur le gland, voire sur le méat urinaire ; chez la femme, soit à l'intérieur du vagin, soit autour du clitoris ou sur le col de l'utérus.

L'agent responsable est le *papilloma*, un virus dont on sait aujourd'hui qu'il est impliqué dans l'apparition de certains cancers du col de l'utérus. C'est donc une affection qu'il convient de prendre très au sérieux. Son incubation varie entre trois et quatre mois.

Plusieurs traitements existent : notamment l'électro-coagulation pratiquée sous anesthésie locale, la cryothérapie ou congélation à l'azote liquide, le laser ou encore l'application de produits résineux à base de podophylline

On compte également parmi les maladies sexuellement transmissibles, la **gardnerellose** (du germe *gardnerella*), brûlures urinaires chez l'homme, pertes grises, fétides, sans démangeaisons chez la femme ; la **trichomonase** (*trichomo-*

nas vaginalis), avec des symptômes à peu près identiques ; **l'hépatite B** (virus *VHB*), perte d'appétit, fatigabilité extrême, douleurs diffuses, mauvais état général. Enfin, n'oublions pas ces chères petites bestioles parasites que sont le pou du pubis (ou morpion !) et le sarcopte de la gale.

Sida, le virus de la panique

Il est très fragile et meurt à l'air libre, ce petit virus que le monde entier a découvert, d'abord avec curiosité.

Très vite le problème est devenu préoccupant. Aujourd'hui, la psychose du Sida s'est installée d'un bout à l'autre du globe, comme une calamité envoyée par le Ciel. On ne peut s'empêcher de penser aux fléaux de jadis, comme cette fameuse **peste noire** qui, vers le milieu du XIVème siècle, ravagea toute l'Asie y compris la Chine avant de s'abattre sur l'Europe où elle fit périr environ 25 millions d'hommes.

Le *HIV* est bien parti pour faire beaucoup mieux. Il peut se dissimuler pendant huit ou dix ans dans un corps sain en apparence - mais contagieux - avant de commencer sa triste besogne. Nous sommes contaminés pour des dizaines et des dizaines d'années.

Décidément, l'ère du Verseau dans laquelle nous allons bientôt pénétrer se présente mal. Pollution, déchets nucléaires, destruction des forêts, destruction de la couche d'ozone, guerres, famines, chômage et... Syndrome d'Immuno-Déficience Acquise.

Il y avait en France, en 1981, 7 victimes du Sida, 20 en 1982, 313 en 1985, 1650 en 1987, 3000 en janvier 1988, 9718 en août 1990. Hallucinante progression mathématique.

En 1984, près de la moitié des hémophiles français ont été

> index > sida >

contaminés lors de transfusions sanguines. Depuis 1985, des précautions, qui semblent maintenant élémentaires, sont prises. Une pareille transmission du virus, aussi innocente que funeste, est désormais impossible. Mais le mal est fait.

La France est le pays d'Europe le plus touché, avec 200.000 séropositifs, dont il est impossible de dire avec certitude qu'ils développeront un jour le Sida, mais le virus les habite et la société s'en défie. Ils doivent continuer à vivre, assujettis à des contrôles médicaux fréquents, avec au fond d'eux-mêmes une sourde angoisse, enfermés comme ils sont dans un ghetto moral, injuste et peu fraternel.

La mise au point d'un vaccin n'est pas chose facile dans le cas du HIV. Il ne cesse de muer, sous la lentille du microscope. On lui connaît aujourd'hui jusqu'à cent visages ! Battue, l'hydre de Lerne de la mythologie.

Et pourtant le Sida est une maladie peu contagieuse en dehors des voies sanguines (transfusion de sang contaminé, utilisation de séringues infectées) et des voies sexuelles (rapports non protégés avec des séropositifs).

Il est effectivement présent dans toutes les substances biologiques, de la salive au sperme, de la sueur au sérum, du plasma aux sécrétions vaginales, etc. Mais il ne semble pas jusqu'à présent que même un baiser intime puisse inoculer la maladie, sauf si les muqueuses buccales, les gencives ou les lèvres présentent des écorchures.

Le HIV n'a aucune parenté avec les virus aéroportés, comme le rhume, puisqu'à l'air libre il périt bêtement. L'éternuement d'un séropositif est donc inoffensif. Contrairement au tréponème, le virus du sida ne survit pas dans la cuvette des W.C. ou sur une serviette. Vous pouvez utiliser sans danger le combiné téléphonique d'un sidéen. Si un moustique vous

> index > sida (hémophiles) >

attaque après avoir extrait un peu de sang sur un malade, vous ne risquez rien. Le virus est trop fragile pour se maintenir en vie dans un insecte porteur.

L'eau des piscines, si elle est correctement traitée au chlore ou à l'ozone, n'est pas porteuse. Il faut par contre éviter les bains collectifs si vous souffrez de lésions cutanées ou d'une plaie.

En bref, vous pouvez vivre normalement à côté d'un sidéen, à condition de vous protéger en cas de rapports sexuels et d'éviter tout contact par le sang.

Par contre, si vous avez l'intention de recourir à l'acupuncture, si vous avez envie de vous offrir un tatouage, si vous décidez de vous faire percer l'oreille, exigez des aiguilles à usage unique. De même dans les salons de coiffure, veillez à ce qu'on utilise des lames jetables. Et surtout ne prêtez ou n'empruntez jamais un rasoir ou une brosse à dents.

Le Sida comporte trois niveaux d'infection.

Tout d'abord, les porteurs sains. Deux à six semaines après, la contamination passe inaperçue chez 80 % des sujets. Une fois sur cinq, elle se manifeste par une fièvre de 38 à 40°, des courbatures, une réaction ganglionnaire au niveau du cou et des aisselles, une éruption cutanée sous la forme de plaques rouges et chaudes. Ces symptômes disparus, rien ne permet d'affirmer que la personne développera un Sida. Entre six mois et cinq ans, un tiers des malades enregistrent de nouveaux symptômes, ganglionnaires notamment.

Les pré-sida (ou ARC) se révélent quelques semaines à quelques mois après la contamination, avec un amaigrissement supérieur à 10 %, des accès de fièvre pendant plus de trois semaines, des diarrhées récidivantes, du muguet (plaques blanches) sur les muqueuses buccales, une toux te-

> index > sida (salive) >

nace, des démangeaisons généralisées. Ce stade correspond à une diminution notable des défenses naturelles. Mais là encore, ces sujets ne développeront pas forcément un Sida, soit la forme la plus grave de l'infection.

Celle-ci plonge le malade dans un état de détresse profonde. Son immunité biologique est largement entamée et d'une manière irréversible. Il devient vulnérable, susceptible de contracter toutes sortes d'infections et finit par mourir de l'une d'entre elles. Le symptôme le plus courant de cette phase mortelle est le **sarcome de Kaposi**, une éruption de taches saillantes et violacées.

En l'état actuel, la meilleure solution pour endiguer le Sida, c'est encore l'utilisation systématique du préservatif, en attendant que la science ait trouvé autre chose que des remèdes de survie, comme l'AZT qui ne guérit pas mais prolonge durablement l'existence des malades.

> index > sida (préservatifs) >

3.

SCENARIO

Changement de décor, rayon des accessoires, séance de maquillage, moteur ! travelling, séquence, plans successifs, coupez ! happy end. L'amour c'est comme le cinéma. Et la clé de contact pour accéder aux studios, c'est le baiser. En scène, s'il-vous-plaît.

CHANGEMENT DE DECOR

Dure réalité que celle du foyer conjugal. Et pourtant, de quels soins dispendieux ne fait-il pas l'objet toute la vie durant. Meubles distingués par ci, bibelots inutiles par là, lampes d'ambiance, cuisine aménagée, canapé moelleux, tapis d'orient, bibliothèque-prison (où de superbes collections hors commerce à peine feuilletées se désagrègent aussi sûrement qu'un détenu des quartiers de haute sécurité), reproductions en tous genres, agrandissements, sans compter toute une collection de disques qu'on n'écoute même plus, ou si peu. Bref, on n'hésite pas, quand on en a les moyens, à dépenser une petite fortune pour faire de cet abri traditionnel un endroit confortable et luxueux, alors qu'une partie de cet argent pourrait servir de temps à autre à faire prendre l'air à notre sexualité, du moins à lui faire changer de décor.

Le décor, pour le sexe, c'est important. Décor extérieur bien sûr, mais aussi décor intérieur, celui de notre tête. Or, le foyer conjugal que nous voudrions havre de paix, (dehors c'est la jungle !), temple de l'amour, est peut-être l'endroit le plus explosif du monde. Il contient une charge d'émotions, de contraintes et d'inhibitions assez spectaculaire au mètre carré. Le moindre polygone d'essais militaires présente beaucoup moins d'agressivité contenue ! Les facteurs de contrariété sont multiples, qu'il s'agisse des soucis pécuniers, des obligations domestiques, de l'éducation des enfants. Il faut donc que le couple franchisse tout ce terrain miné avant de parvenir sur les onze heures et quelque chose à la chambre conjugale. *«Là où tout n'est qu'ordre et beauté, luxe, calme et volupté ?»*

Las, parvenu au pied du lit, le couple n'en a pas fini pour autant avec tous les tracas de la journée. La chambre conjugale, c'est le creuset et l'exutoire de tous les conflits familiaux. C'est là qu'on se dispute, pour ne pas que les enfants entendent. C'est là qu'on entame des discussions sérieuses, même à une heure avancée, parce que dans la journée on n'a pas eu le temps. C'est là qu'on évoque le planning du lendemain. C'est là que ronflements intempestifs de l'un, lectures tardives de l'autre, escarmouches sournoises pour la possession des couvertures, ne prédisposent guère l'esprit à développer des sensations affectives.

La solution ? Changez de décor, et faites l'amour *extra-muros* (1), aussi souvent que vous le pourrez, si besoin dans votre voiture ou sur la couchette d'un wagon-lit. Mais la chambre d'hôtel sera préférable pour éviter que vos ébats ne soient trop étriqués. Si des amis vous invitent à passer la nuit chez eux, ne renoncez pas à vous donner l'un à l'autre, sous prétexte qu'ils pourraient vous entendre. Et alors ? Ca leur donnera éventuellement des idées. Vous leur rendrez service. Ils ont peut-être besoin, eux aussi, d'être émoustillés. La période des vacances est aussi un moment privilégié pour se renouveler sexuellement.

De retour chez vous, essayez en commun de réserver les propos échangés dans la chambre à des choses anodines. Il vaut mieux se priver d'une émission télévisée pour épuiser les sujets dits à problèmes et se glisser ainsi d'un coeur plus léger dans le lit conjugal.

(1) hors les murs

A propos de lit, évitez absolument les lits jumeaux et proscrivez l'usage du pyjama et de la chemise de nuit. Si vous voulez entretenir un tant soit peu vos appétits sexuels, dormez nus et l'un prés de l'autre. La permanence d'un contact physique, le plus léger soit-il, est indispensable pour que votre libido ne perde pas tout à fait la mémoire. Et si l'un d'entre vous n'arrive pas à dormir, qu'il réapprenne à supporter le contact physique. En commençant par exemple avec l'extrémité d'un pied.

J'ai connu un ménage qui, dans la voie du changement de décor, avait poussé les choses un peu loin. Mais pourquoi pas si le résultat c'est de se donner réciproquement du plaisir et d'éviter ainsi de sombrer dans la routine et la monotonie. Ce couple avait la chance de disposer ensemble d'un ou deux après-midis par semaine.

Ils quittaient leur appartement chacun de leur côté. Généralement il prenait les clés de la voiture et partait le premier, aprés avoir déposé un vague baiser sur la joue de sa compagne.

Avant de s'en aller, elle s'habillait avec des couleurs assez voyantes, violentes même. Elle prenait le bus, descendait dans un quartier de banlieue et se pressait à pied vers un hôtel obscur où son mari l'attendait déjà, torse nu, dans une chambre relativement crasseuse. Elle sortait de son cabas un drap immaculé. Et je ne vous dis pas avec quel empressement, quelle impatience, ils se jetaient dans les bras l'un de l'autre, portés par un désir fou.

Deux heures plus tard, elle quittait la chambre et se hâtait vers le domicile conjugal.

Son conjoint le réintégrait toujours avant elle. *«Ca va, ché-*

> index > libido >

rie ? lui lançait-il dès que sa silhouette se détachait entre les montants de la porte du salon. *Comment s'est passé ton après-midi ?»*.

Elle avait pris la précaution de se changer dans le vestibule et tout en essuyant subrepticement un restant de gros rouge à lèvres, elle lui répondait invariablement : *«La routine...»*

Non seulement ce couple savait changer de décor, il savait aussi imaginer un scénario. Il savait enfin aller jusqu'au bout d'un fantasme induit dans ce cas particulier par la prostitution.

Essayez, vous serez surpris. Ne restez pas prisonniers l'un et l'autre de conventions aliénantes, de tabous paralysants. N'oubliez pas qu'il demeure en nous un soupçon d'enfance.

Et jouer, les enfants aiment ça.

RAYON DES ACCESSOIRES

LA MANUFACTURE

«Le coeur qui est réputé la partie noble de l'homme a la même forme que le pénis qui en est, soi-disant, la partie vile ; c'est très symbolique, car tout amour de coeur finit par l'organe qui lui ressemble. L'imagination humaine, lorsqu'elle se mêle d'animer des êtres d'artifice, en est réduite à reproduire les mouvements des animaux qui se propagent. Vois les machines, le jeu des pistons dans les cylindres ; ce sont dans des Juliette en fonte des Roméo d'acier...»

(Joris-Karl Huysmans, *Là-bas*, 1891)

Le piston de Roméo, le cylindre de Juliette, il faudrait normalement bien les connaître avant de se livrer à la moindre tentative amoureuse.

La plupart du temps, l'apprenti lance d'instinct la machine, sans se préoccuper des éventuels ratés. Et trop de gens réduisent encore l'appareil sexuel aux organes génitaux et aux structures voisines qui s'y rapportent, alors que c'est le corps humain tout entier qui est concerné, ainsi que l'ont merveilleusement démontré Kinsey et ses collaborateurs en 1953. Il n'y a pas que l'orgasme qui compte, il y a tout cet

> index > acte sexuel > Kinsey >

enchaînement préliminaire, physiologique et psychologique, qui entre dans le jeu de l'excitation pour mener l'individu jusqu' à la satisfaction suprême.

Le cerveau renvoie l'ascenseur

En fait, l'appareil sexuel, c'est le cerveau et le système nerveux central, c'est aussi le système nerveux sympathique, c'est également les organes sensoriels et le système musculaire, c'est encore les glandes hormonales, c'est enfin les organes génitaux externes et le système reproductif interne.

Un sujet mâle par exemple, soudainement atteint au début d'un rapport sexuel d'une rupture de la moelle épinière pourrait très bien continuer de réagir à une excitation tactile de ses organes génitaux, parvenir à l'érection et à l'éjaculation, mais son plaisir serait inexistant.

A la moindre stimulation génitale, un message est transmis à la moelle épinière, dans sa partie inférieure. De là, il est répercuté à son point de départ ainsi que dans la partie supérieure de la moelle, laquelle le transmet au cerveau.

Ainsi branché, celui-ci renvoie l'ascenseur vers la partie inférieure de la moelle qui répercute l'influx vers les organes génitaux.

Même sous l'effet d'une caresse directe, on peut très bien stopper le processus en fixant son attention sur des pensées non stimulantes (c'est le cas, souvent évoqué dans les plaisanteries égrillardes, de la partenaire qui signale ingénument à son servant que la tapisserie se désagrège !).

Sans le cerveau et tout ce qui s'y rattache, il ne saurait y avoir de plénitude sexuelle.

> index > auto-excitation > cerveau >

Le complexe du petit et du gros «zizi»

Des organes sexuels masculins, c'est assurément le **pénis** (ou **verge**) qui en est la partie la plus développée et la plus spectaculaire.

Le pénis, c'est le plantoir. Au repos, il mesure jusqu'à 10 cm ; en état d'érection, il peut atteindre jusqu'à 18/21 cm. Mais bien entendu sa taille et son diamètre varient en fonction des individus, et c'est sans conséquences pour la réussite de l'acte sexuel. Pour atteindre l'orgasme, la coopération du corps et de l'esprit est plus importante que la dimension du membre viril. Donc, Mesdames, ne vous pâmez plus - c'est inutile - à la vue d'un gros zizi ! Quant à vous, Messieurs, abolissez tout de suite cet amour-propre mal placé.

C'est le désir qui déclenche le plus souvent l'érection, bien que des excitations non sexuelles puissent la provoquer. Parcouru sur toute sa longueur par l'**urètre** (conduit à la fois urinaire et génital, qui s'achève par le **méat urinaire**), le pénis n'est pas autre chose qu'une éponge longiligne dont les multiples cavités, le **corps spongieux**, sous l'influence d'une excitation, se remplissent de sang et lui confèrent sa rigidité.

La tête du pénis, ou **gland**, est enveloppée au repos par un bourrelet de peau très mobile et très fin, le **prépuce**. C'est ce bourrelet qui est prélevé lors de la circoncision, soit pour des considérations religieuses (chez les juifs et les musulmans), soit parce qu'il est trop serré et provoque des irritations. La peau du prépuce secrète une substance blanche, le **smegma**, qui peut, elle aussi, provoquer de petites infections.

Les parties les plus sensibles du pénis vont généralement

> index > priapisme > verge >

de l'extrémité jusqu'à un point situé à environ 2,5 cm en-dessous du gland.

La ruée frénétique vers la vie

J'ai écrit quelque part que les étoiles ne sont rien d'autre que la semence du Bon Dieu. Je voulais dire par là que dans sa prodigalité la Nature avait doté le ciel d'un nombre incalculable de systèmes. Il était mathématiquement impossible que la vie n'apparaisse pas sur une quelconque planète et il est plus que probable qu'elle est apparue ailleurs que chez nous.

Il en va de même pour la reproduction de l'espèce. Dans son infinie générosité, la Nature a prévu une production astronomique de **spermatozoïdes**, ces petites bestioles microscopiques qui s'agitent comme des folles dans le liquide séminal et se lancent, un peu à la manière des saumons, dans une fantastique équipée vers l'ovule qu'une seule d'entre elles pourra éventuellement féconder.

Lors d'une éjaculation, 200 à 500 millions d'individus, parfois plus d'un milliard, se trouvent projetés dans une singulière compétition.

Composé d'une tête, d'une partie médiane et d'un flagelle qui par un mouvement de fouet assure sa progression, le spermatozoïde prend naissance dans les **canaux séminifères** qui tapissent l'intérieur des testicules. Déroulés, ces canaux atteindraient une longueur totale de 800 mètres ! Les parois de ces canaux sont tapissées d'un tissu germinatif qui par **spermatogenèse** fabrique en permanence des «nourrissons», candidats au grand voyage, dotés chacun de 23 chromosomes.

Une température constante du milieu ambiant est nécessaire (un degré de moins par rapport au reste du corps), c'est pourquoi les **testicules**, ou **gonades**, sont enveloppés par le **scrotum** ou **bourses**. Ce thermostat sexuel se contracte au froid et se dilate à la chaleur, rapprochant les testicules du bassin pour les réchauffer ou les en éloignant pour les refroidir.

Les «bébés» sont ensuite transférés jusqu'à l'**épididyme**, situé lui aussi à l'intérieur des bourses. L'épididyme, c'est une petite nursery de 5 cm de longueur. Les spermatozoïdes y séjournent environ six semaines. Les sujets non conformes sont impitoyablement éliminés. Parvenus à maturité, les spermatozoïdes sont introduits dans le **canal déférent** qui, par contractions péristaltiques, va les transporter jusqu'au canal d'éjaculation. Au moment de l'orgasme masculin, celui-ci libère en même temps que les spermatozoïdes le flux de la **vésicule séminale**, nécessaire à la mise en mouvement du flagelle, et le flux de la **prostate**.

Amas de petites glandes encerclant l'urètre, à l'orifice de la vessie, la prostate secrète un produit alcalin destiné à neutraliser les acides qui se trouvent dans l'urêtre et dans le vagin et qui détruiraient immanquablement les spermatozoïdes. Toutes ces sécrétions constituent le **sperme** auquel s'ajoute le «petit lait» lubrifiant des **glandes de Cowper**.

Il arrive que de jeunes enfants parviennent en se masturbant à l'orgasme et à l'éjaculation mais ce sperme-là ne contient pas encore de spermatozoïdes. C'est à la puberté que se met en marche la fantastique usine naturelle de production, la manufacture que nous venons de décrire très sommairement et qui peut fonctionner - dans le meilleur des cas ! - jusqu'à l'âge de 94 ans...

> index > bourses > chromosomes >

CITE INTERDITE

A la ruée frénétique des spermatozoïdes vers la vie s'oppose chez la femme la lente maturation de l'ovule au plus profond de son être. A la précipitation aveugle - puisque la semence masculine ignore si l'ovule se trouvera au rendez-vous - répond la tranquillité active d'organes fécondants.

L'appareil sexuel de la femme est à la fois complexe et mystérieux. On se croirait dans un sanctuaire. **C'est** un sanctuaire. Une succession de vestibules, de corridors, de sas, qui s'ouvrent et se referment. Introduit dans ce labyrinthe, le pénis butte sur le col de l'utérus, ce boyau qui veille sur l'entrée du saints des saints de la procréation humaine. Il ne peut aller au-delà. Cité interdite ! Et l'homme s'est longtemps fourvoyé sur ce sexe dit faible dont il ne percevait que la béance, sur ce vagin, que Sartre désigne *«comme un néant à combler avec sa propre chair»*.

«L'homme a une tendance à boucher les trous, à remplir les vides, accuse Maryse Choisy dans sa *Guerre des sexes* (Editions Publications Premières). *C'est pour cette raison,* poursuit-elle, *qu'il mange et pour cette même raison qu'il cherche à remédier par l'acte sexuel à «l'obscénité du sexe féminin»*.

Les organes sexuels de la femme sont profonds, cachés. Du cylindre de Juliette où s'enfonce le piston de Roméo, on n'aperçoit que l'orifice, le reste se perd dans sa chair intérieure, ou plutôt s'évase, se transcende. *«Tout l'utérus,* écrit encore Maryse Choisy, *n'est qu'une longue fuite vers l'intérieur.»*

L'homme cherche le sens de la vie jusque dans l'acte sexuel ; pour la femme, c'est différent, elle **est** la Vie.

Les quatre saisons de l'utérus

Aux testicules - organes externes - de l'homme correspondent les **ovaires**, placés à l'intérieur du bassin, de part et d'autre de l'utérus. On dirait deux amandes. Ils sont faits de tissus glandulaires et de follicules ovariens. La fillette, à sa naissance, compte dans chaque ovaire environ 50.000 follicules. Les **ovules** qui s'y trouvent sont déjà munis chacun de 23 chromosomes. Mais contrairement à la production masculine, illimitée, chez la femme le nombre des **ovulations** est préétabli : tous les 28 jours environ. La vésicule dans laquelle repose l'ovule éclate alors et, saisi par les franges du pavillon des **trompes de Fallope**, il amorce une lente descente vers l'utérus.

On a souvent comparé ces franges aux pétales d'une fleur. De fait, à l'instar d'une corolle carnivore, elles se referment sur l'ovule, mais la comparaison s'arrête là. Longues de 5 à 10 cm, les trompes de Fallope ne digèrent pas, elles transfèrent, par le jeu ondulatoire de leurs muscles. Comme une houle. Une houle qui va à contresens de la progression des spermatozoïdes. Quand ils parviennent dans les trompes, ces chers petits éprouvent de plus en plus de difficulté à progresser, face à des courants contraires. Ce sont les plus forts qui l'emportent. La dure sélection naturelle frappe déjà.

> index> follicules >

C'est dans le dernier tiers de la trompe que peut survenir la **fécondation** de l'ovule par un seul de ces messieurs. Il suffira de 18 à 24 heures pour qu'elle soit consommée, les 23 chromosomes du «champion» formant avec les 23 chromosomes de l'ovule le noyau d'une nouvelle cellule humaine. En l'absence de fécondation, la phase d'expulsion avec hémorragie commence, c'est l'apparition des **règles**.

Un ovule fécondé met 3 à 4 jours pour atteindre l'**utérus**, un organe prodigieux dont le pouvoir de dilatation est médusant, puisque ce muscle creux, ferme, en forme de poire peut s'étirer au point de contenir un enfant de huit livres. A la queue de la poire se trouve le **col**. Il pénétre légèrement dans le vagin, c'est le **museau de tanche**. Dans la partie supérieure de la poire, à gauche et à droite, aboutit chacune des deux trompes de Fallope.

L'utérus, c'est le nid. Un nid, tapissé d'une muqueuse nutritive, soumise aux quatre saisons du cycle menstruel : phase de desquamation, quand elle se désagrège en présence d'un ovule non fécondé (ne subsistent que les tissus de régénération) ; phase post-menstruelle (l'utérus retrouve une paroi normale, mince) ; phase intermenstruelle (la muqueuse s'épaissit) ; phase prémenstruelle enfin (les tissus fertilisants de l'utérus sont prêts à accueillir un nouvel ovule).

Le «petit frère» du pénis

La **vulve** est un terme général qui désigne l'appareil génital externe de la femme. De forme ovale, elle s'étend au pied du Mont de Vénus (tissu adipeux situé au-dessus du pubis), et rejoint l'orifice anal, à quelques millimètres près. Fermée, la vulve est recouverte par les **grandes lèvres** et à l'intérieur de celles-ci par les **petites lèvres**. Plus délicates, dépourvues de toute pilosité, celles-ci se gonflent et se lubrifient sous l'effet d'une excitation. Masters prétend même qu'elles deviennent rouge vif lorsque la femme est sur le point d'atteindre l'orgasme.

A l'intérieur des petites lèvres et de haut en bas se présentent successivement le **clitoris**, le méat urinaire et l'entrée du **vagin**.

Petite excroissance encapuchonnée, le clitoris rappelle étrangement le pénis masculin, mais l'urine n'y transite pas. Comme son «grand frère», il est muni d'un gland et d'une petite verge dont on n'aperçoit cependant que l'extrémité. Le reste est incorporé dans la chair, à tel point que l'ensemble peut approcher en état d'érection une longueur de 4 cm. Très richement innervé, le clitoris est sans doute le plus sensible des organes sexuels et une source principale du plaisir féminin.

Habituellement, le vagin est fermé, ses parois se touchent, il est comme replié sur lui-même, mais son élasticité l'autorise en principe à accueillir un pénis de n'importe quelle taille. Dans sa partie inférieure, ses parois sont dotées de terminaisons nerveuses très sensibles et de muscles puissants, si bien qu'au moment de l'intromission, agissant à la manière d'un sphincter, le vagin est capable d'agripper fermement le pénis.

Quand le coït amène l'orgasme, ces mêmes muscles sont parcourus de contractions spasmodiques, d'où l'impression pour la femme de ressentir un orgasme vaginal. En réalité, elle peut obtenir une contraction moins forte mais analogue lors d'un orgasme produit par friction du clitoris.

La femme n'a pas d'éjaculation à proprement parler, mais

> index > clitoris >

les **glandes de Bartholin** qui siègent dans le vagin sont parfois très spontanées et très généreuses.

Chez les jeunes filles ou les femmes qui n'ont jamais eu de rapport sexuel, l'entrée du vagin est normalement protégée par une membrane cutanée de résistance variable : **l'hymen**, percée en son centre d'un orifice qui permet l'écoulement du flux menstruel. Généralement, l'hymen est déchiré, ou **détendu**, lors de la première relation, c'est la défloration, qui peut intervenir sans écoulement de sang. Souvent, au moment de la naissance, le passage du nouveau-né détache les derniers débris .

Retourné comme une chaussette ?

Se développant dans le sein maternel à partir du même bourgeon, les organes sexuels masculins et féminins se ressemblent étrangement aux stades précoces de leur évolution. On a aussi quelquefois comparé la morphologie de l'utérus relié à ses deux ovaires à celle du pénis inséparable des deux testicules. Autrement dit, au moment du choix entre mâle ou femelle, la nature retournerait comme une chaussette le sexe du foetus pour en faire une fille. L'opération, bien sûr, est un peu plus compliquée.

C'est environ six semaines après la conception que se dessine la différenciation, sous l'action des chromosomes ; ceux-ci travaillent les gonades qui se transforment en ovaires ou en testicules, et secrétent dès lors des hormones. Les hormones femelles, les oestrogènes, ne s'immiscent pas dans le processus. Seules opérent les hormones mâles, les androgènes. Si le destin du foetus est la masculinité, ses testicules commencent à produire des androgènes : la petite

>index > Bartholin (glandes) > Bassin (petit) >

protubérance devient pénis et un sillon s'inscrit à la surface du scrotum. En l'absence d'androgènes, la petite protubérance devient clitoris et le sillon se transforme en vulve. Ce prcessus de différenciation s'opère à travers les **canaux de Wolff et de Muller**, du nom de leurs découvreurs, deux anatomistes allemands. Les canaux de Wolff sont ceux de la masculinité, ceux de Muller de la féminité. Suivant le choix de la nature, les uns ou les autres dépérissent.

Quand elle évoque ce qu'elle appelle *«l'orgasme féminin authentique»*, Maryse Choisy fait référence à cette morphologie inversée des deux sexes. *«Dans ce cas,* écrit-elle, *le museau de tanche se trouve dans la même situation que le gland. L'orgasme féminin authentique n'est ni dans le clitoris, ni dans le vagin, il est dans le col de l'utérus.»*

Quoi qu'il en soit, aux premiers temps de leur existence foetale, les deux sexes déclinent des similitudes troublantes. Et, bien qu'on en doute parfois, ils ont été faits inexorablement l'un pour l'autre, aussi vrai que le tenon l'est pour la mortaise.

LA NIQUE AUX GODEMICHES

Avec nos modernes sex-shops et leur invraisemblable pacotille, nous n'avons réellement rien inventé. Dans la Grèce antique, dans le Japon médiéval, en Afrique, on utilisait déjà des pénis artificiels, dont on a exhumé nombre d'exemplaires lors de fouilles archéologiques. L'idée du substitut sexuel n'est pas neuve, simplement notre société de consommation et de profit l'a portée à son paroxysme.

Du simple vibro-masseur à la poupée portable, livrée dans son attaché-case, volupté assurée, par-devant, par-derrière, par sexe-à-bouche, le tout vibrant à volonté, se lubrifiant, sécrétant (parfois même gros pipi garanti), nous sommes là en présence d'une industrie délirante, qui a peut-être mangé son pain blanc, parce que le sexe-sexe à tout crin, reléguant au second plan l'affection, la tendresse, a fini par produire une foule de déçus.

Le gadget sexuel n'a jamais attiré les bonnes réputations. Il y a d'une part le préjugé du fruit défendu qui demeure planté sur notre libido, en dépit d'une soi-disant révolution des moeurs. Ensuite, toutes ces prothèses développent l'image négative d'une utilisation débridée et déviante. Un pénis factice, ça va, trois pénis, bonjour les dégâts...

> index > phallus >

Or, un couple, qui, au cours de ses ébats, utilise l'un ou l'autre de ces objets que la morale ordinaire continue de réprouver, ne saurait être considéré comme un tandem infernal, dégénéré, si cet usage n'a rien d'obsessionnel, s'il n'est pas unilatéralement imposé, s'il ne vient qu'en complément des organes naturels. L'un ou l'autre partenaire aimera peut-être corser les sensations obtenues, avec un vibro-masseur. Après tout, pourquoi pas ? Par contre, si Monsieur se répand mieux dans un vagin artificiel, si Madame s'envoie plus facilement en l'air avec un godemiché, il est prudent de consulter sans tarder.

A travers des préceptes moraux dont l'origine se perd dans la nuit des temps, et qui ont pu se modifier au cours de l'Histoire, une société humaine cherche à se préserver d'une certaine anormalité, dont le développement constituerait à la longue un danger mortel. Seul, l'*initié* peut maîtriser une activité périlleuse. Alors, plutôt que de risquer un dérapage, une collectivité, un groupe social, préfère proscrire et réprimer.

Edicter des interdits va d'ailleurs dans le sens du pouvoir, qu'il soit temporel ou spirituel. Tout pouvoir asseoit son autorité sur le prohibé. Et la subtilité suprême, c'est de justifier un abus à la faveur d'un interdit. Défense à quiconque de déflorer une jeune fille, fut-elle sa promise, parce que ce n'est pas bien, parce que ce sera mal fait, physiologiquement et psychiquement : c'est ainsi qu'est née dans certaines sociétés la défloration systématique par des prêtres. La jeune vierge était ainsi assurée (en principe...) de perdre son hymen dans les conditions les plus satisfaisantes qui soient, sans risque d'infection, sans risque d'éprouver par la suite de l'aversion pour l'acte sexuel. On ajoutait au besoin une pincée de nécessités divines et le tour était joué. Le prêtre pouvait «se taper» sans vergogne toutes les vierges de la communauté. Il n'avait même pas besoin d'aller les quérir. On les lui amenait, toutes fraîches, toutes innocentes, sur le plateau fallacieusement sublime du viol légalisé. Processus identique dans le fameux droit de cuissage, dont l'authenticité est aujourd'hui contestée, qui continue cependant de hanter les circonvolutions masculines.

Nous n'entrerons pas dans une description détaillée des gadgets sexuels. Les catalogues des sociétés commerciales spécialisées reçus sous pli discret sont faits pour ça. Si la curiosité vous pique, poussez plutôt le rideau rouge d'une sex-shop, vous les verrez grandeur nature et la visite n'en sera que plus drôle. Si vous avez l'esprit serein et le regard critique, avec ou sans votre partenaire, vous n'en rougirez même pas. Vous découvrirez vite que ces cavernes d'Ali-Baba d'un genre particulier recèlent très peu de petites choses qui soient réellement nécessaires à un couple pour parfaire sa sexualité. Vous rigolerez du restant. La nature nous a dotés de tout ce qu'il faut en réalité. A nous de bien savoir nous en servir et nous ferons la nique à tous les godemichés du monde !

> index > cuissage > fétichisme > voyeurisme >

TOMBES DEDANS, ETANT PETITS ?

Philtres d'amour, tisanes de virilité, thés de la passion, élixirs sexuels, sirop des amants...

Depuis toujours, l'homme s'est attaché à séduire l'être aimé par tous les moyens, y compris des breuvages ensorcelants, généralement concoctés avec des végétaux, et doués - du moins on l'espère - de pouvoirs surnaturels. C'est le cas de tous les **philtres** qui sont supposés agir par leur force et leurs propriétés magiques.

Différents sont les **aphrodisiaques**. Destinés à éveiller le désir, à décupler la performance, ils sont utilisés, quant à eux, en dehors de toute approche rituelle. Leur action est essentiellement physiologique. Certaines plantes, certains condiments figurent en bonne place parmi les toniques sexuels, mais des poissons, des crustacés, des viandes, des abats sont aussi soupçonnés de posséder des vertus aphrodisiaques. Par contre, tout comme le philtre, ordinairement l'aphrodisiaque se boit. Et, à considérer certains comportements, on est en droit de se demander s'il n'y en a pas qui sont tombés dedans, étant petits ! Voici une liste ci-après des principaux ingrédients, elle n'est pas exhaustive. >>>

> index > aphrodisiaques >

Alkekenge : en dépit de sa consonance nordique, l'alkekenge fleurit en juin dans le midi de la France et ses qualités excitantes proviennent de baies rouges emprisonnées dans un calice ajouré. Foi de pénis !
Angélique : cette ombellifère très odorante traite l'impuissance et retarde la ménopause. En liqueur, c'est un bon digestif !

Cannelle : c'est un stimulant hormonal. Appliquée en huile, elle fortifie l'érection du pénis et combat la frigidité.
Céleri : ce familier des jardins est un excitant puissant.
Cervelle : elle accroît le désir.
Cèpes : ces petits bolets comestibles sont de véritables auxiliaires de la jouissance.
Cury : piment et gingembre, ces agents provocateurs, se sont perversement associés dans cette épice !
Chocolat : il attise les ardeurs. Mais oui !

Echalote : cette cousine de l'oignon, originaire de l'Orient (elle fut rapportée par les Croisés) souffle sur le feu.

Fenouil : on le nomme également anis doux. C'est un tonique.
Figue : autre tonique.

Gingembre : célèbre rhizome, cousin comme le ginseng de la mandragore biscornue des sorciers. Excellent contre les défaillances et le manque d'appétit sexuels.
Ginseng : bon stimulant contre l'impuissance, la frigidité.
Girofle : un champignon du genre chanterelle, dynamisant de l'érection.

Harissa : pour une bonne montée du désir et des ex-

citations à la bonne hauteur.
Huîtres : pour des forces sexuelles multipliées, ce sont de vraies petites perles.

Ketchup : puissant agent de transmission de la jouissance. Vive le hamburger !

Lavande : c'est un stimulant et un envoûtant... parfumé.
Menthe : des qualités aphrodisiaques indéniables au point qu'on interdisait aux soldats d'en absorber. Elle prédispose beaucoup plus en effet à l'amour qu'à la guerre. Et poivrée, c'est encore mieux.
Moutarde : voir l'expression : «J'aimerais mieux me payer un pot de moutarde !» Eh bien, dans les cas d'érections défaillantes, ce serait même indiqué !
Muscade : pour obtenir de belles et durables érections, retarde l'éjaculation.

Oeuf (jaune d') : avalé cru, agrémenté de miel, il durçit durablement le membre viril.
Oignon : comme l'échalote...

Persil : cet autre familier des jardins facilite l'acte sexuel avec ou sans sabots.
Pignon : si vous l'ignoriez, c'est la graine de la pomme de pain et c'est un bon agent de transmission du désir. Bravo, la mécanique !
Piment : comme son nom l'indique, il pimente la libido. Et c'est bien connu.
Pollen : ces petits grains tant prisés par nos amies les abeilles, sont efficaces contre l'impuissance et la frigidité

Réglisse (bois de) : un hypertenseur et un merveilleux tonique à chiquer tendrement... ou à ingurgiter, macéré pendant toute une journée dans l'eau froide avec quelques zestes de citron

Romarin : un excitant des gonades.

Sarriette : On disait d'elle autrefois qu'elle attise violemment les feux de l'amour. C'est l'herbe des satyres !
Des propriétés littéralement explosives.

Serpolet : la plante des «chauds lapins»...

Thym : du grec «thymos» qui signifie fort et viril. Ce tonique agit sur l'orgasme, épaissit le sperme.

Vanille : indiquée dans les cas d'asthénie sexuelle.

Verveine : c'est la plante de Vénus. En sirop, plutôt qu'en infusions, c'est l'aphrodisiaque des passions dévorantes. Mmm !

La potion de la Comtesse

Il en va de même pour les aphrodisiaques que pour les gadgets. Un corps parfaitement sain n'a nul besoin de cette assistance végétale ou animale.

Ils sont conseillés par contre dans les cas d'impuissance, de frigidité, d'absence de désir. Ou bien si vous estimez que votre partenaire met trop de temps à se décider ! Dans ce dernier cas, votre confiance sera certainement mieux placée dans une substance aphrodisiaque, subtilement ajoutée (sans forcer la dose, c'est inutile) à une boisson anodine, que dans la fameuse petite boite du *Déclic*, la célèbre bande dessinée de Manara. Cette petite boite, que l'on propose d'ailleurs sur catalogue aux messieurs, est sensée expédier des ultra-sons à l'être convoité jusqu'à le rendre complètement fou, sexuellement, s'entend.

Mais, encore une fois, si celle que vous avez «sélectionnée» se tient sur une prudente réserve, posez-vous, Monsieur, d'abord des questions sur vous-même, sur votre comportement, votre attitude. Il y a sûrement quelque chose qui cloche dans votre façon de faire la cour ou dans sa façon, à elle, d'interpréter les choses. Et gardez toujours en mémoire les écrits de la Comtesse de Noailles, car ils restituent parfaitement la psychologie féminine : *«Si je n'aimais que toi, je guérirais... Est-ce toi, ou bien moi que j'aime ?»* Elle n'hésite pas à répondre, un peu plus loin : *«Ce n'est pas vous que j'aime : j'aime aimer comme je vous aime. Je ne compte sur vous pour rien, mon bien-aimé. Je n'attends de vous que mon amour pour vous.»* (*Les innocentes ou la sagesse des femmes*, chez Fayard).

De cet amour-là, Monsieur, il faudra nous contenter et avaler toutes nos belles vanités masculines. Oh, je sais, cela n'a rien d'une potion aphrodisiaque. Pour vous y aider, et parce que je suis sans pitié, j'emprunterai le mot de la fin (de chapitre) à Rémy de Gourmont : *«Le mâle est un accident, la femelle aurait suffi.»*

Vous pouvez maintenant reprendre par le commencement tous vos travaux d'approche.

SEANCE DE MAQUILLAGE

PENSEES IMPURES

La *toute, toute première fois*, que s'est-il passé entre vous et votre partenaire ? Essayez de vous souvenir. Il y a eu sans doute quelques manoeuvres d'abordage, il y a eu peut-être un long flirt entrecoupé d'absences, de rendez-vous manqués, d'attentes vaines auprès du téléphone. Un puis, un soir, ou un matin, l'un comme l'autre, vous avez cédé. A un désir forcené, qui n'avait nul besoin d'accessoires ou d'exutoires pour se réaliser.

La toute première fois, l'acte sexuel se réduit à quelques vagues caresses préliminaires et l'on passe tout de suite à l'accouplement, au coït. C'est de là généralement que provient chez la femme une certaine déception qui risque d'être fatale pour le restant de sa vie sexuelle, si elle n'a la chance que son partenaire lui apprenne progressivement les recettes de l'amour et à condition qu'elle se refuse à considérer certaines attitudes, certains comportements comme des chemins de perversion.

Si par contre, l'homme pénétre dans le lit conjugal en s'affublant du manteau d'innocence d'un puceau, ce couple-là aura peu de chances de parvenir à une sexualité heureuse. J'entends par là que trop d' hommes, une fois parvenus au mariage, cherchent à réprimer du mieux qu'ils peuvent certaines pulsions soi-disant dépravées, ceci pour respecter les

notions apprises de ce qui est bien et de ce qui est mal. Très épris, ils se refusent à imaginer que leur compagne, naturellement **vierge et pure**, puisse prendre du plaisir ou en dispenser - dans diverses postures. Ils ont peur qu'on leur demande d'où, **de qui** ils tiennent cette connaissance particulière. C'est ainsi que de nombreux couples demeurent prisonniers toute leur vie durant de l'accouplement pur et simple, seule façon légitime et décente pour des adultes sérieux d'accomplir le geste des temps. Du moins le pensent-ils. Toute autre méthode leur semblera perverse, aliénante, sale, dégradante, éventuellement puérile.

Voyez la prostituée de service qui pour attirer le client ou faire monter l'addition lui souffle perfidement dans l'oreille : *«Je vais te faire des trucs cochons.»* Les trucs cochons en question n'ont le goût des flammes de l'enfer que parce qu'ils sont réprouvés par la morale ambiante.

Une fois l'ennui sexuel installé chez un couple, que se passe-t-il en principe ? Si l'occasion s'en présente, Lui comme Elle vont quérir dans l'infidélité les **«spécialités»** défendues. Or, chacun d'eux pourrait crier à l'autre : *«Reviens ! J'ai les mêmes à la maison !»* C'est alors que pendant les rapports légitimes - il faut bien accomplir son devoir conjugal de temps en temps - Monsieur comme Madame font appel à des fantasmes pour parvenir à un accouplement satisfaisant. Ils **maquillent** la routine, la banalité. Lui, pourra penser éventuellement à la racoleuse qui lui a fait des gâteries. Elle, pourra s'imaginer dans les bras de ce prince charmant aux tempes grises qui l'aura doucement initiée. Il serait dès lors possible à ce couple de briser le malentendu, à force de dialogue, de compréhension, d'attention, dans une mise à nu intégrale de la libido. Ce n'est jamais facile...

> index > flagellation > sous-vêtements >

LE PETIT PLAISIR

Une manière bien connue de maquiller le vide sexuel, c'est la masturbation, qu'on a longtemps considérée comme un acte essentiellement masculin. L'idée pour un homme que sa fille, sa femme, sa propre mère ait pu un jour se livrer à une auto-manipulation de ses parties génitales est insupportable. Et pourtant...

Ce n'est que depuis qu'elles revendiquent (à juste titre) le droit au plaisir que l'on ose évoquer avec un certain flou artistique la masturbation féminine, alors qu'elle existe bien sûr depuis des temps immémoriaux. Seulement la femme ne s'en est jamais vantée. Quoique...

«La fille qui n'a point d'amy, comment vit-elle ? s'interroge au XVème siècle Christine de Pisan. *Elle ne dort jour ne demy, mais toujours veille. Ce fait amour qui la réveille et qui la garde de dormir.»*

Autrement dit, la fille-qui-n'a-point-d'amy s'entretient...

Comme cette adorable septuagénaire qui m'a confié un jour qu'elle n'avait plus envie d'un homme mais qu'il lui arrivait encore de temps en temps de *«se faire elle-même son petit plaisir»* !

> index > inceste >

Du grec «mastropeuein», prostituer...

Le mot masturbation vient du latin *manus*, main, et *stuprare*, polluer. Le stupre, ou débauche, est issu de la même racine. Quant au grec, *mastropeuein*, il signifie «prostituer». Ce qui laisse supposer que notre main se déshonore pour notre égoïste plaisir. Que l'origine du mot soit latine ou grecque, le blâme est identique !

L'usage de la masturbation est désigné par le terme **onanisme**, ou pratique d'Onan, un personnage cité dans la Bible. En réalité, Onan fut l'inventeur du coït interrompu. Ce brave homme en effet n'avait pas voulu faire d'enfant à sa belle-soeur. Mais peut-être bien qu'il lui arrivait de se masturber en pensant fortement à elle ! Inutile de vous dire que dans les deux cas il gaspillait de la semence humaine et mettait ainsi en péril la reproduction de l'espèce. C'était très mal vu. Et ça l'est resté jusqu'à il y a peu.

Des pénis prisonniers d'une clé

La masturbation masculine s'exerce sur la verge par un mouvement alternatif pratiqué sur la hampe, de bas en haut et de haut en bas. Cette saccade régulière de la main peut s'effectuer dans toutes les positions, allongé, debout, accroupi, assis. L'aller-retour effleure les alentours du gland, la zone la plus érogène, et en s'accélérant déclenche le processus éjaculatoire. Si l'on veut ajouter à l'émotion du pénis, il suffit de croiser les jambes sur les bourses, en les serrant bien. L'érection est bien plus voluptueuse. Mais, pour que le plaisir soit encore plus intense, plus complet, le sujet, s'il est bien excité, peut éventuellement abandonner le secours de sa main et poursuivre cette activité sous un oreiller savamment replié, ou encore entre le sommier et le matelas du lit, juste à l'un des angles. Dans ce cas, le contact du renflement du sommier avec la partie située entre le scrotum et l'anus pourra lui procurer de très fortes sensations, comme s'il était pris dans une tenaille de plaisir.

Plus d'un médecin a vu entrer dans son cabinet des pénis prisonniers d'une clé, d'une bouteille ou d'objets les plus divers. Tout le monde n'a pas la chance, comme les garçons-bouchers, de disposer d'une narine de veau. Si telle envie vous prenait, Monsieur, évitez les grosses bonbonnes au col trop étroit... en cas de pépin, songez au transport. Le mieux, si vous y tenez vraiment, est d'envelopper votre phallus dans deux ou trois sachets de plastique très mou pour réduire l'ouverture et éviter ainsi des frottements désagréables et corrosifs. Pitié pour vos muqueuses. Par contre aucune poupée gonflable n'est encore venue consulter la Faculté, accompagnée de son partenaire. Comme quoi les accessoires modernes ont du bon.

Caricatures du plaisir féminin

Chez la femme, les variantes masturbatoires sont plus diverses. La plus courante intéresse le clitoris et les zones avoisinantes. Elle peut s'achever par l'introduction dans le vagin d'un ou plusieurs doigts, ou d'un substitut tel qu'un vibro-masseur. Une autre technique de masturbation féminine consiste à serrer fortement et en cadence les jambes, croisées sur le sexe, tout en jouant des muscles fessiers et pelviens, et d'obtenir ainsi une belle décharge de pulsions sexuelles. D'autres parviennent à l'orgasme en titillant adroitement leurs mamelons.

Plus d'un film érotique met en scène une séquence de masturbation féminine, avec un doigt vicieux filant sur la couture, une bouche entrouverte sur l'extase, des yeux libidineux perdus dans le terrain vague de la perversion, sans rechigner sur les gémissements, les soupirs et déhanchements associés.

Mais aucun film pornographique grand public ne zoome réellement et longuement sur un type en train de s'adonner au plaisir solitaire. Ce serait certainement un crime de lèse-majesté. On veut bien faire passer ces dames et demoiselles pour de fieffées coquines, pas question d'avouer trop ouvertement que nous nous livrons aux mêmes pratiques et d'accepter qu'on nous jette en pâture sur grand ou petit écran, sinon en charmante et dodue compagnie, et en bonne position de dominateurs éclairés.

Au fond du petit pot de la petite enfance

L'auto-érotisme qui se manifeste à travers la masturbation est une étape naturelle du **développement psycho-sexuel**. Garçons ou filles, les petits enfants découvrent cet exercice vers l'âge de deux ou trois ans. Il fait suite à la succion du pouce et à la marotte de tout porter à la bouche, premières expériences érotiques par excellence.

C'est l'époque où ses proches font comprendre au bambin qu'il doit être **propre**. Par cette attention spéciale sont mis en évidence des organes auxquels l'enfant n'avait jusque-là guère prêté d'attention. Dans la miction et la défécation interviennent des muscles libérateurs dont il apprend alors à se

> index > auto-érotisme >

servir et qui lui procurent des sensations singulières. Il en arrive tout naturellement à découvrir qu'il peut aussi agir de lui-même sur d'autres points de cette région particulière et déclencher ainsi d'agréables émotions.

A ce **stade anal**, aucun sentiment coupable n'est ressenti. C'est le contexte familial qui inculquera la fausse honte et la mauvaise conscience. Ces premières pratiques cessent aux alentours de sept ou huit ans, remplacées par des préoccupations sociales. Elles reviennent en force dès la pré-adolescence.

Inutile de ficeler les gosses

C'est essentiellement le clitoris qui «saute aux mains» de la petite fille, puis de la fillette. Découvrant ainsi une jouissance sur ce petit bouton extérieur, elle n'imagine pas encore qu'elle pourra ressentir plus tard un plaisir intériorisé, par une patiente découverte-apprentissage de son corps. Les sensations vaginales ne sont pas obligatoirement automatiques et spontanées. Il est important de noter d'ailleurs que, selon le rapport Kinsey, 80 % des femmes qui ne s'étaient jamais masturbées n'avaient pu obtenir aucun orgasme au cours de la première année de leur mariage.

Il est rare que les parents ne décélent pas une tendance masturbatoire chez leurs enfants. La plupart du temps, ils ferment les yeux, en se disant que cela s'arrangera avec les années, alors qu'ils devraient libérer l'enfant de tout sentiment de honte, tout en lui apprenant à contrôler ses envies pour éviter qu'il ne tombe dans l'excès. Notez qu'au siècle dernier, on soignait les adeptes de la masturbation par cataplasmes très spéciaux, camisole de force, voire cautérisation

> index > stade anal >

au fer rouge. Et avec la bénédiction du corps médical de l'époque !

Il y a encore des parents qui sévissent. On frotte avec une feuille d'artichaud le doigt que l'enfant s'obstine à introduire dans son nez avant de le porter à sa bouche. Difficile de trouver une parade identique pour la masturbation... On a quand même vu des gamins attachés pendant la nuit. Triste. Car le «petit plaisir» est non seulement une pratique naturelle, mais il prédispose l'enfant à sa sexualité future. Le rôle des parents serait plutôt d'accompagner cette étape importante du développement et de la croissance. Sans pour autant dévoiler que Papa et Maman se livrent éventuellement à cette activité, seuls ou en commun ! Il faut veiller à respecter la sensibilité de l'enfant, mais il y a des choses qu'il doit savoir.

Masturbations salutaires

De nombreux tabous sont enfin tombés par rapport aux pratiques masturbatoires : **ce n'est pas**, comme on l'a cru pendant longtemps, **un signe d'immaturité**. Sauf, bien sûr, dans le cas d'un sujet qui ayant le choix entre plusieurs formes d'activité sexuelle ne peut parvenir à la jouissance que par auto-manipulation. **Ce n'est pas un acte asocial**. Il prépare le terrain au contraire, ou l'entretient.

La masturbation, disait-on encore, n'assouvit pas le désir de façon aussi parfaite que l'union charnelle de deux partenaires. On peut le penser effectivement. Mais n'oublions pas que le degré de jouissance est variable suivant les rapports. Un coït ne fait pas l'autre. Si l'onanisme ne procurait pas une satisfaction notable, des millions de sujets cesseraient d'y avoir recours.

Autre idée reçue, **la masturbation conduirait à l'impuissance et à la frigidité**. Aucun fait probant ne vient à l'appui de cette thèse. Par contre, des séances de masturbation dirigée permettent à de nombreux sexologues de traiter différents troubles sexuels, dont l'absence d'orgasme et l'éjaculation précoce. C.Q.F.D.

Enfin, dernier point, **la masturbation encouragerait les excès sexuels**. Le cas (il est très rare) se rencontre en effet chez des psychopathes, que le médecin se voit contraint de faire attacher. Sans quoi, ils se masturberaient à mort. Mais, vous savez, nos mécanismes érotiques sont parfaitement huilés, ils ne vont jamais au-delà de leurs possibilités. Un sujet sain qui tenterait de se masturber sans arrêt atteindrait très vite ses limites et finirait pas ne plus réagir sexuellement. Jusqu'à ce que ses glandes génitales soient à nouveau opérationnelles.

Nous conclurons par cette citation de Lemon Clark : *«Dans la mesure où le soulagement solitaire d'un homme ou d'une femme relâche la tension, apporte le repos et facilite le délassement et le sommeil, il est non seulement inoffensif, mais certainement salutaire. Hormis le problème des excès et des méthodes éventuellement nuisibles, il n'existe aucune raison de s'inquiéter de cette pratique naturelle qui remonte aux temps de la préhistoire.»*

Merci, Cro-Magnon !

LECTURES INTERDITES REVES BRULANTS

Nous ne parvenons jamais purs à l'instant du premier coït. Les troubles de la puberté ont déjà dévié nos pensées et nos mains vers les parties basses de notre individu, tout en développant ce fichu sentiment de culpabilité, dont on aura bien du mal à se débarrasser ensuite.

A cet âge encore tendre, notre libido se nourrit des bruits, bizarres parfois, qui filtrent de la chambre des parents. Elle se nourrit du souvenir des premiers attouchements, d'abord homosexuels, puis garçon-fille, quand on jouait, soit au docteur, soit au papa et à la maman. Elle se nourrit d'images fortuites, la petite voisine entr'aperçue par une fente de volet, le petit parisien en vacances un tantinet exhibitionniste. Elle se nourrit de livres escamotés dans le rayon le plus élevé de la bibliothèque familiale, de revues échangées sous le manteau à la sortie du lycée ou du collège. Elle se nourrit des films érotiques qui ont envahi le petit écran.

Au fil des jours, nous nous sommes ainsi constitué toute une banque d'images qui alimentent notre cinéma intérieur, nos rêves les plus érotiques, et que nous ne cessons d'enrichir - consciemment ou non - tout au long de notre vie.

C'est là-dedans que nous puisons, dans le vécu comme dans l'imaginaire de nos nuits, pour enluminer nos rapports sexuels, dans une intime et secrète séance de maquillage.

> index > pornographie >

MOTEUR !

LE STRIP-TEASE DU BAISER

Silence ! On tourne. Moteur !

Dans le commerce amoureux, le baiser c'est la clé de contact.

«Baise m'encor, rebaise moi et baise : donne m'en un de tes plus savoureux, donne m'en un de tes plus amoureux ; je t'en rendrai quatre plus chauds que braise», quémande Louise Labé dans les années 1500 et quelque.

«Maîtresse, embrasse-moi, baise-moi, serre-moi, lui fait écho Pierre de Ronsard. *Haleine contre haleine, échauffe-moi la vie, mille et mille baisers, donne-moi je te prie, Amour veut tout sans nombre, Amour n'a point de loi.»*

Plus près de nous, Pierre Perret a écrit une chanson célèbre sur les baisers, soeur jumelle de deux autres compositions tout aussi marquantes sur le sexe masculin et féminin : *Le zizi* et *Celui d'Alice*. Nous aurons l'occasion de citer une nouvelle fois ce beau triptyque de Pierrot la Tendresse, quand nous aborderons les rapports bucco-génitaux.

> index > baiser >

Le baiser fut longtemps le seul signalement autorisé du rapprochement sexuel, illustrant et résumant à lui seul tous les autres gestes de l'amour. Dans les années cinquante, les films à l'eau de rose en comptaient toujours un certain nombre, pieusement échangés entre jeunes premiers et jeunes premières. C'était la seule hardiesse permise à la caméra. Et, à chaque bécot, les gamins présents dans la salle obscure ovationnaient «l'exploit» en comptant tout haut et tout fort. Cela montait parfois jusqu'à dix, quinze, ou vingt. Surtout au moment du final, le «happy end». Aujourd'hui, la caméra n'est plus du tout vertueuse... La place privilégiée du baiser dans la relation amoureuse a longtemps influencé notre culture, avant de se diluer lentement dans les vapeurs permissives de la libération sexuelle.

Un deuxième sexe maquillé de rouge

Comment ce baiser, qui, petit ou grand, nous met dans tous nos états, est-il né ? Les animaux ne s'embrassent pas, ils se touchent le museau, ils se flairent. Les Esquimaux aussi d'ailleurs. Les Japonais, les Chinois, les Arabes ne s'embrassent pas non plus, mis à part les mères et leurs petits.

L' apparition du baiser dans les moeurs est-elle liée à d'anciennes pratiques magiques telles que l'échange de salive ? Jésus guérissait bien les infirmes avec un peu de sécrétions. Est-il raisonnable de rapprocher cette caresse de vieilles traditions cannibales où l'absorption de chair humaine équivaut à une ingestion de l'âme et de la personnalité ? Ne dit-on pas d'une fille désirable qu'elle est belle à croquer !

Il existe une théorie qui prétend que le baiser a pris de l'importance parce que la femme a opéré un transfert de signaux, de ceux qui sont destinés à exciter le mâle. Contrainte par les us et coutumes de dissimuler ses parties génitales, et bien plus que cela encore, elle aurait fait de sa bouche un deuxième sexe, bien visible celui-là, bien provocant, éventuellement souligné de rouge.

De là à dire a contrario qu'il ne manque que la parole à la vulve de la femme, pourquoi pas !

Je me plais moi-même à affirmer, en société, d'une artiste très connue qu'elle chante... avec son sexe, tant celui-ci transparaît à travers ses lèvres, sa bouche, ses yeux, son visage, tous éléments séducteurs investis dans des chansons très érotiques.

Longtemps avant elle, voici vingt-cinq ans environ, la strip-teaseuse Rita Renoir s'était livrée pour les Editions Rencontre à un étonnant **«strip-tease du visage»**.

En une suite d'expressions, avec ses seuls traits, elle était parvenue à restituer l'acte sexuel. Sur l'ovale de ce petit théâtre charnel, sa bouche, ses lèvres, tenaient évidemment le premier rôle, et donnaient le «la» aux autres composants de sa physionomie. L'ensemble fut fixé sur seize plaques photographiques, signées Frank Horvat, et tiré en héliogravure. Fascinant.

D'abord, la gravité de la femelle face au mâle, puis une imperceptible nuance de défi, un peu de moquerie, un peu de fatalité, une certaine résignation, jusqu'à ce que transpire le consentement, puis le désir, sa montée, les manifestations successives et frénétiques du plaisir, trahies par l'apparition de quelques moiteurs ; enfin le dernier tableau, ineffable, celui de l'apaisement, constellé de perles de rosée, dans une sérénité accomplie.

Grandes manoeuvres sur petit territoire

Devant votre partenaire, Monsieur, à l'instant du premier baiser, vous penserez à Rita Renoir et à ses poses progressives.

Il est évident que dans la gravité de l'attente, elle n'apprécierait pas qu'on lui applique d'emblée et d'autorité un baiser puissant et enflammé, alors qu'elle se trouve dans une phase de tendresse. Alors, cher Casanova, s'il-vous-plaît, un peu de sentiment. Modulez vos ardeurs et vous n'en obtiendrez que de meilleurs et durables résultats.

Vous pouvez, si vous le désirez vraiment, entraîner votre partenaire dans un parcours aussi fiévreux que celui de Rita Renoir devant l'objectif, que l'on me permettra de baptiser, celui-là, le **«strip-tease du baiser»**. C'est une appellation plus plaisante tout de même que parcours du combattant.

En utilisant toutes les variantes, vous pouvez, Monsieur, tenir plus d'une heure et mener votre partenaire à l'extase, je dis bien l'extase, et sans autre caresse supplémentaire, si ce n'est quelques pressions adroites de la main, quelques effleurements discrets, quelques étreintes fugaces. Vous verrez alors votre «victime» se dépouiller lentement... de ses inquiétudes, de ses réticences, de ses pudeurs, de ses préjugés, de son âme tout entière. De votre habileté, Monsieur, à déclencher la première fois des sensations subtiles dépendra le degré d'émoi obtenu, et la qualité, l'harmonie et la durée des rencontres suivantes seront proportionnelles à ce beau désordre initial.

Quant à vous, Madame ou Mademoiselle, vous accompagnerez ces tendres manoeuvres. Les subir serait faire injure au raffinement de votre partenaire, dont vous percevrez progressivement le désir, ce qui décuplera le vôtre, pas seulement physique, mais aussi mental. *«Je vais m'attacher cet homme-là, où alors je suis complètement idiote...»*

Trois sens doivent jouer dans le baiser, si l'on en croit Van de Velde : le toucher, le goût et l'odorat. L'ouïe devrait briller par son absence. Il y en a qui aiment bien le «smac», pourtant. Il faut avouer cependant qu'en cette circonstance nécessairement romantique, c'est aussi peu décent qu'un bruyant mangeur de soupe sous un lustre de Bohême.

Le champ opératoire du baiser, ce n'est pas seulement la bouche, c'est l'ensemble du visage, la joue, les paupières, le front, les ailes du nez, les cheveux, le lobe des oreilles, et aussi le cou, la nuque.

Avant même de presser délicatement les lèvres de votre partenaire, faites le «petit tour» du baiser léger, appliqué sur tous ces reliefs particulièrement réceptifs, en effleurant seulement la bouche, au passage. Puis abordez celle-ci à petits pas menus, délicats.

Soyez doux, furtif. Investissez progressivement ce territoire particulièrement sensuel jusqu'à ce que vos propres lèvres en épousent parfaitement le contour. A partir de là, vous pouvez prolonger quelque peu la pression, mais n'ouvrez pas encore ! Refaites une petite balade assaisonnée de jolis mots. Exprimez délicatement votre amour. Revenez. Recommencez.

Pratiquez ainsi plusieurs fois une douce mise en confiance du visage aimé. La femme n'y résiste pas. Les feuilletons quotidiens, hebdomadaires ou mensuels sont émaillés de ces réactions toutes féminines : *«Juste un petit baiser et j'ai été comme transportée dans un autre monde. Cet homme m'a littéralement envoûtée. Mais de quel pouvoir est-il donc doué ? Que va-t-il m'arriver quand nous en serons à des caresses plus profondes ?»*

Pas de décapant dans la bouche de Jane

Entre-temps, chacun de vous aura découvert le goût de la peau, son odeur, l'haleine aussi.

Savons, dentifrices, déodorants trop soutenus s'abstenir ! Poison ! Notre société aseptisée prétend neutraliser nos parfums naturels à grand renfort de vaporisations intempestives, sous prétexte de bouquet et d'hygiène. Sans aller jusqu'à imiter le bon roi Henri IV qui demandait à ses maîtresses de ne pas se laver - lui-même n'avait-il pas le gousset fin ! - laissons notre corps s'exprimer un tant soit peu dans ses humeurs les plus secrètes. Demande-t-on à un fromage de cesser d'embaumer la pièce dans laquelle nous le savourons ?

Certes, il est indispensable de veiller à ce que la bouche soit parfaitement nettoyée lors du passage de la brosse à dents. Le moindre déchet microscopique peut être fatal et déclencher une fâcheuse exhalaison. Mais l'excès en tout nuit. Contrairement à tous les canons publicitaires, on ne doit en aucun cas pouvoir identifier la marque du dentifrice, la griffe du parfum. Il faut savoir doser avec les senteurs naturelles. Si, dans la chaîne de la reproduction, qui nous permet aujourd'hui d'être de ce monde, le Tarzan des premiers temps avait flairé dans la bouche de Jane l'odeur d'un produit de nettoyage, le cours de l'évolution en eut été changé.

La cavité orale a toujours été un élément capital. Elle tète

>index > bouche >

(premier bien-être du nouveau-né), elle lappe, elle mord, elle suce (premières saisies du monde extérieur), elle crache, elle crie (premières agressivités), elle pleure aussi. Elle engloutit (nécessité vitale). Elle est le premier intermédiaire entre nous et l'autre, entre nous et le monde extérieur.

Investir une bouche étrangère, c'est se hasarder sur la première intimité accessible. Et quand cela se produit dans les meilleures conditions, dites-vous bien, mon cher, qu'en cet instant une émotion est en train de naître plus bas, sur d'autres lèvres. Rappelez-vous, le cerveau renvoie l'ascenseur. Renvoyez-le, vous aussi. Avant d'explorer à petit feu la chair buccale de votre partenaire, insérez doucement mais fermement le bout de la langue dans la commissure, mais sans aller plus loin. Repartez, revenez, fixez-vous enfin et laissez-vous aller dans un baiser profond et passionné.

Explorez. Passez votre organe du goût sur les dents, sur l'envers des joues, par en dessus, par en dessous, dans un mouvement de pelleteuse. Mordillez la lèvre, sucez-la, repartez à l'intérieur. Votre partenaire sera suspendue. Vous pourrez alors l'étreindre un peu plus fort. Elle participera d'elle-même à la suite des événements.

Ne laissez pas refroidir. Refaites un petit tour léger, cette fois-ci du côté de la gorge. Descendez jusqu'à la naissance du sein, mais n'allez pas plus bas. Pensez à Rita Renoir. A la scène finale. Vous aurez peut-être la chance d'observer un émoi identique sur le visage de votre partenaire, peut-être même quelques perles de rosée.

A partir de là, c'est à vous de savoir jusqu'où vous voulez aller, la toute première fois. Le gentleman que je suis s'arrête ici !

En principe...

TRAVELLING

Travelling... De l'anglais *to travel* : voyager...

Dans un tournage, un travelling, c'est l'effet obtenu avec une caméra mobile. Dans le prélude amoureux, le travelling, c'est l'opération de reconnaissance effectuée sur le partenaire, des pieds à la tête, opération aérienne d'abord, rapprochée, très rapprochée ensuite.

Le terme pourra sembler bien militaire et peu adapté à une situation affective. Mais ne dit-on pas conquête amoureuse ! sans que cela paraisse aucunement déplacé. Nous traitons dans cet ouvrage de la guerre en dentelles, la seule qui soit valable et justifiée en ce monde, et je ne connais pas de soldats qui aimeraient s'aventurer en terre inconnue sans un morceau de carte d'état-major dans la poche. Il est donc indispensable de pouvoir se faire au préalable une petite idée, c'est l'objet des lignes qui suivent.

Nous avons en cet instant dépassé le stade primaire de la rencontre. La silhouette du partenaire a fait tilt. Ses yeux ont émis quelque chose d'inexprimable et de fascinant tout à la fois. Ensuite, les mots sont venus d'eux-mêmes. Les compliments ont pris de l'audace. Le premier baiser a lancé le moteur. C'est parti ! Il vaut mieux dès lors mettre toutes les chances de son côté. Et c'est à l'homme de faire les premiers pas, à la femme de le suivre, si elle le veut, sur le chemin délicat, subtil, et dangereux ! de l'amour.

«Je connais un pays, on dirait un jardin, chantait dans les

années soixante la soeur de Maxime Le Forestier. *Je peux y vivre nue, sans avoir jamais froid.* [...] *C'est un pays où l'on voyage avec les mains»...* (Productions Fontana)

Bravo, Catherine ! Un pays où l'on voyage avec les mains... Avec les yeux, aussi. D'abord avec les yeux. Ensuite, avec les mains... Avec les lèvres... Avec tout, même les cheveux, les doigts de pieds.

Puisque c'est à vous, Monsieur, de prendre l'initiative, imaginez-vous en aviateur lilliputien. A bord d'un coucou confectionné avec des allumettes, vous survolez le pays de vos rêves. Il est là, en-dessous. Vous le reconnaissez. Mais vous ne le connaissez pas bien encore. Et tout à l'heure, vous allez sauter, sans hésitation. Il sera inutile de replier votre parachute. Vous n'en reviendrez jamais. Du moins, je vous le souhaite.

Les femmes sont plus «chaudes» !

Quand on évoque les «points chauds» de la topographie humaine, on pense tout de suite aux organes sexuels. C'est un petit peu succint. Mais là encore, c'est la femme qui dispose du répertoire le plus varié et le plus riche. Hé, oui. Chez l'homme, les zones érogènes **dominantes** se limitent au pénis, avec un siège principal d'excitation situé à environ trois centimètres de l'extrémité. Le restant de la verge et le scrotum réagissent plus faiblement.

Chez la femme, les tissus érectiles sont plus nombreux, qu'il s'agisse du clitoris ou des mamelons. Autres zones «rouges» féminines : tous les endroits génitaux où la peau se fait plus intime, devenant muqueuse, les petites lèvres, les bords de la vulve, l'entrée du vagin.

Soumis à des attouchements, le vagin lui-même n'éprouve pas de sensations particulières. Il peut cependant réagir aux pressions dans sa paroi inférieure et palpiter un court instant comme un coeur d'oiseau. Autres points chauds féminins et non génitaux ceux-là : l'intérieur des cuisses et des bras, la nuque, les aisselles. La peau y est plus fine, les tissus graisseux peu abondants. Les nerfs y sont à fleur de peau et les transmissions au cerveau plus promptes.

S'ajoutent à tout cela quelques surfaces charnues, muscles fessiers, flancs, épaules, lobe de l'oreille.

Effleure, bécote, mignote, tapote, suçote...

La plupart des méthodes et autres traités de sexualité recensent par ailleurs un certain nombre de points secondaires répartis d'un bout à l'autre du corps. On en retrouve que nous citons quant à nous parmi les points chauds féminins. Tout est relatif. Les seins de certaines femmes ne réagissent pas du tout ou très peu à la stimulation. Nombre d'entre elles n'apprécient pas le toucher anal. Certains hommes se mettent en état de transe dès qu'on leur effleure un morceau de peau. C'est affaire d'individu et de caresses. En réalité, le corps tout entier est érogène, mais les zones sensibles varient suivant les personnes.

Pour être certain de pratiquer «les caresses qui rendent fou», l'idéal serait de pouvoir consulter sur un écran la carte érogène de tout un chacun. Nous aurions des surprises. Mais ce serait mettre un terme à ce qui constitue un réel plaisir, mille fois renouvelé, quand, dans une intention d'amour, nous partons à la découverte de l'autre.

Et n'hésitons pas, n'hésitez pas, cent fois sur le métier

> index > attouchements >

remettez notre ouvrage. C'est à ce prix que vous connaîtrez vraiment le registre de votre partenaire afin que le duo soit le plus parfait possible.

Si certaines caresses sont reçues avec réticence, il ne faut pas hésiter à les renouveler jusqu'à ce qu'on soit bien sûr qu'elles sont refusées. Certaines femmes se dérobent à tout attouchement du clitoris. En fait, tantôt elles se refusent à avouer qu'elles sont capables de jouissance, tantôt elles sont atteintes, sans même le savoir, d'une petite infection. Il faut nuancer la caresse suivant l'organe et suivant le sujet : effleurer, bécoter, caresser, titiller, mignoter, frotter, manier, tapoter, étreindre, pincer, suçoter, mordiller... Mes amis, quel parcours ! et quelle joie, que de prodiguer ainsi du plaisir tout en accélérant le sien propre.

Sous les doigts, des chausse-trappes

Un mot sur le déshabillage. C'est, Monsieur, un épisode important, surtout pour la femme. La première prévenance doit jouer habilement sur le tissu, pour activer indirectement la zone concernée. La main doit ensuite s'insinuer par une ouverture et permettre à la caresse de se réaliser au contact direct de la peau.

Ensuite, votre partenaire étant maintenue sous tension par une succession de baisers, sur le visage, dans le cou, le déshabillage peut commencer, si possible lent et souverain.

Un conseil, ne soyez pas trop habile cependant à déboutonner ou zipper. Une maladresse un peu feinte n'abusera pas votre partenaire sur vos antécédents, mais elle y trouvera l'indice d'une certaine complicité, laquelle sera importante dans la suite des événements.

N'oubliez pas, le jeu de l'amour s'apparente à celui du chat et de la souris. Une oie blanche énamourée qui se laisse faire sans broncher un tout petit peu, ça n'a pas de charme. De toute façon, ces dames s'y entendent pour que soient placés sur le chemin de vos doigts impatients de véritables chausse-trapes. Honnis soient donc ces maudits couturiers ? Bénis soient-ils, plutôt.

Le *«Déshabillez-moi»* de Juliette Gréco est très révélateur de la psychologie féminine et il s'achève par un implacable *«Et maintenant, déshabillez-vous !»* Autrement dit, débrouille-toi, Monsieur, mais ne laisse pas refroidir, si tu veux m'avoir.

Alors, s'il-vous-plaît, cher Casanova, maitrisez votre passion, votre impatience, ne la laissez point trop paraître, vous ferez de la charpie une autre fois, à un moment propice. Un bon rut de temps en temps, ce n'est pas désagréable, je suis d'accord avec vous, mais il faut être sûr que la dame ne va pas se fâcher et avoir les moyens de rembourser les dégâts...

Sur le sein, des grains de poussière

Voici maintenant les deux amants côte à côte allongés. On n'escalade pas un pic de la même manière qu'on gravit une colline arrondie, qu'on investit une gorge, ou qu'on varappe dans un creux légèrement accidenté. Il en va de même pour toute caresse directement appliquée sur l'organe sexuel proprement dit. Un membre viril en érection totale, une vulve dans l'état le plus généreux qui soit de turgescence, sont encore capables d'enregistrer des degrés divers de jouissance pour peu qu'on apprenne **par soi-même** comment palper et où.

> index > frigidité >

Mesdames, même s'il prenait la consistance du béton, un phallus est aussi fragile que vos replis les plus secrets ! Même si les glandes mammaires sont bien protégées par les couches graisseuses qui les enveloppent, ce n'est pas une raison, Monsieur, pour que des doigts voraces les tordent et les essorent, comme deux boules de mousse tombées dans l'eau.

Voici ce que conseillait déjà, il y a près de 2000 ans, le poète latin Ovide, dans son *Art d'Aimer* : *«Si par un hasard assez commun, un grain de poussière volait sur le sein de ta belle, enlève-le* ***d'un doigt léger*** *; s'il n'y a rien,* ***ôte-le toujours*** *: tout doit servir de prétexte à tes soins officieux. Le pan de sa robe traîne-t-il à terre ? relève-le, et fais en sorte que rien ne le puisse salir. Déjà, pour prix de ta complaisance, peut-être t'accordera-t-elle la faveur d'apercevoir sa jambe»*...

En fait, devant le sein de votre belle à vous, Monsieur, c'est toute une quantité de grains de poussière qu'il vous faudra ôter ! délicatement, fermement aussi mais sans violence ni meurtrissures. De grâce, n'allez pas vous transformer en balai-brosse. Ce qui n'exclut pas un certain balayage.

D'abord, prenez la mesure de ce doux relief, d'un mouvement large et appuyé sur la partie inférieure, soit avec la base du pouce, ou avec la paume entière. Puis caressez doucement. Vos lèvres viendront bientôt se substituer à vos doigts. Ne les dirigez pas tout de suite sur le mamelon, mais tournez autour, en le frôlant. Vous obtiendrez une excitation extrême. Puis, d'une langue ferme et précise, travaillez la pointe du sein, qu'elle soit bien tendue, et attaquez le cercle coloré de l'aréole, maintenez une pression ferme et mobile.

Concluez par la succion pure et simple, qui ne laisse aucune femme insensible (ni aucun homme d'ailleurs, c'est comme s'il retrouvait le sein de sa mère!). Et tout au long de l'étreinte amoureuse, même pendant le coït, ou lors d'un contact bucco-génital, ne soyez jamais avare de vos caresses envers ce symbole quasi sacré de la féminité.

Un trou ? Non, un village suisse...

«Je te salue, ô vermeillette fente,
Qui vivement entre ces flancs reluis ;
Je te salue, ô bienheureux pertuis, (1)
Qui rens ma vie heureusement constante [...]

O petit trou, trou mignard, trou velu,
D'un poil folet mollement crespelu,
Qui à ton gré domtes les plus rebelles ;

Tous vers galants devoient, pour t'honorer,
A beaux genoux te venir adorer,
Tenant au poing leurs flambantes chandelles.»

Voilà ce que chantait Ronsard, fieffé gaillard devant l'Eternel en dépit de toutes les choses sérieuses qu'on a pu écrire à son sujet.

Des vers qu'on n'apprend pas, évidemment, sur les bancs de l'école !

On pardonnera bien volontiers au fondateur de la Pleïade de n'avoir vu dans le sexe féminin qu'une simple vacuité, nous qui employons quotidiennement, et dans toutes les classes de la société, un vilain petit mot de trois lettres aussi

(1) détroit, passage.

bien pour désigner l'organe sexuel féminin que pour injurier de la façon la plus insultante qui soit.

Fort heureusement, dans *Celui d'Alice,* notre malicieux Pierre Perret remet fort joliment les mecs à leur place. Et tout d'abord, il restitue ce sexe dit faible à l'écrin étincelant qui doit être le sien, n'hésitant pas à affirmer *«qu'il y a sous sa pelisse, le climat de Nice»*, et le qualifiant un peu plus loin de *«village suisse un matin d'été»* ! C'est tout de même mieux que d'établir une comparaison avec la moule, non ? Même s'il y a effectivement une vague ressemblance. Et le sexe féminin, pardonnez-moi, est bien plus «goûtu», comme on dit en Normandie, que ce paisible lamellibranche.

Village suisse... C'est là, Monsieur, que vous redevenez le soldat de la guerre en dentelles. Le village est là, tout près, vous allez l'investir, mais en prenant tout votre temps dans les alentours immédiats. Le doigt s'insinue d'abord dans la toison si particulière du **Mont de Vénus**. Il s'égare un peu dans les plis de l'aine avant de se poser très faiblement sur la couture, sans s'y enliser, puis il repart vers l'intérieur des cuisses. Progressivement, les caresses circonscrivent l'objectif. Le doigt se frotte à présent dans l'intérieur de la fente, du périnée, voire de l'anus, jusqu'au clitoris.

Et quand, à force de caresses, *«du petit losange filtre l'eau du Gange, entre* (vos) *phalanges soudain baptisées»*, alors *«jaillit le berlingot rose, vers* (la) *bouche éclose, comme un flamand rose s'échappe du nid»*.

Merci, Pierre Perret ! Ce berlingot rose, le clitoris, bien sûr, vous allez d'abord goûter, et non gober... très délicatement, ses abords immédiats. Tout autour, de façon à ne pas perturber la confiance de votre partenaire. C'est un organe, dont la sensibilité, exacerbée, peut produire un effet contraire.

Il faut donc éprouver son degré d'excitabilité, en évitant la tête, avant, selon les cas, de le malaxer, de le ballotter, de le frotter, de le pétrir, voire de le pincer comme une corde de guitare.

Seule, votre partenaire pourra vous inspirer, par ses réactions, sur la conduite à tenir.

Et ne soyez pas déçu si celles-ci ne s'apparentent pas aux symptômes de l'orgasme. Ne faites surtout pas de fixation là-dessus, même si vous savez que la femme peut atteindre le summum du plaisir par divers moyens, y compris, pour certaines, une friction particulière des mamelons.

Ovide, toujours lui, prétend que *«la passion incontrôlable des femmes est dix fois plus violente que celle des hommes»*, ce que ne contredit pas, beaucoup plus tard, le Kâma-soutra : *«Le besoin d'amour physique chez la femme est huit fois plus puissant que chez l'homme»*.

Cela irait-il à l'encontre du trop fameux reproche féminin : *«Tu ne penses qu'à ça»*.

Ne nous méprenons surtout pas. En réalité, pas plus Ovide que les hindous n'affirment que la femme a besoin de copuler trois fois par jour. C'est l'intensité de la copulation qui est en cause ici.

Voilà qui décoche encore une fois une belle flèche à l'orgueil masculin.

Alors, si vous ne pressentez pas d'orgasme sous l'effet de vos caresses, tant pis, mais poursuivez quand même, avec confiance. Certaines femmes sont assez rouées (en tout bien, tout honneur) pour parvenir à dissimuler la chose.

Langue affectueuse et reconnaissante

Les conseils donnés ci-dessus pour votre doigt, Monsieur, sont valables pour votre langue si vous décidez d'honorer à la fois votre partenaire et son sexe d'un **cunnilingus** affectueux et reconnaissant. Il faut savoir cependant que la pratique de cet hommage, qui vous permet en même temps de boire à une source unique au monde, sépare plus ou moins les corps et diminue le tonus sexuel réciproque.

L'homme peut pallier cet inconvénient en serrant les bras de sa partenaire, les bras ou les mains, ou encore les seins.

Dans le cas d'un cunnilingus, le clitoris sera, là aussi, stimulé en dernier lieu. De rapides coups de langue de haut en bas, le long des grandes et petites lèvres, et circulairement à l'entrée du vagin, permettront de faire remonter le suc brûlant de cette source millénaire jusqu'au clitoris, stimulé à son tour par une succion rotative.

Surtout, si vous pensez que votre complice est prête à jouir, ne la privez pas d'un orgasme en vous ruant sur elle pour introduire votre plantoir. Au contraire, poursuivez votre va-et-vient, depuis le vestibule vaginal jusqu'au clitoris.

L'introduction d'un doigt dans le vagin au cours du cunnilingus est un supplément apprécié par plus d'une femme.

Et n'omettez pas de lui faire goûter, par le biais d'un baiser profond, sa propre liqueur. Elle pourra s'imaginer que votre langue est devenue son propre sexe...

Il n'y a pas que les prostituées pour faire ça

Au point où nous en sommes de ce travelling amoureux, il convient de noter que jusqu'ici nous avons réservé à

> index > vaginisme >

l'homme le rôle le plus actif. Des broutilles, dirait sans doute Don Juan, et bien d'autres, plus préoccupés de coït viril que de ce qu'ils considèrent comme des agaceries pour petites filles. Comme ils ont tort.

Mais ce n'est pas une raison, bien sûr, pour que la femme demeure passive. Non seulement, elle peut mais elle doit, elle aussi, partir à la découverte des zones érogènes de son compagnon et, comme une attention en vaut une autre, le cunnilingus appelle tout naturellement la **fellation**, ou succion du membre viril.

C'est là une caresse des temps modernes que beaucoup de femmes acceptent de pratiquer pour faire plaisir, non sans éprouver parfois un sentiment coupable. Certaines s'y refusent catégoriquement : il n'y a que les prostituées pour faire ça. Ou les vicieuses. Détrompez-vous, Mesdames, vous pouvez faire beaucoup mieux qu'une péripatéticienne dont la langue se préoccupe uniquement d'éponger le client le plus promptement possible.

La proximité de l'anus, la situation de promiscuité avec les voies urinaires, ont toujours nui à la bonne réputation des organes génitaux, qu'ils soient masculins ou féminins. C'est forcément sale.

Encore un préjugé. Le pénis, la vulve, chez un sujet sain et propre, sont moins des parcs à microbes que la bouche où cependant nous n'hésitons pas à plonger goulûment.

Autre motif du refus féminin : la peur de suffoquer. Il est vrai qu'excité, l'homme a tendance à enfoncer son pénis au-delà des amygdales. Il suffit pour éviter cet éventuel désagrément que la femme contrôle la pénétration avec un ou deux doigts.

Les novices feront bien la première fois d'embrasser simplement le pénis (pour se familiariser avec l'idée de le prendre un jour en bouche) et par la suite de se contenter de la langue et des lèvres, car des dents inexpérimentées peuvent bien entendu provoquer des lésions sur le gland ou sur le sillon balano-préputial.

Avant toute fellation, un attouchement préliminaire dispensé sur la ligne médiane du corps masculin sera certainement bien accueilli : le visage, le cou, les mamelons, l'intérieur des cuisses. La mise à feu du pénis s'obtient facilement par des baisers, des caresses, avec les doigts, avec la langue, dans le voisinage immédiat. Un peu comme : «Mère, veux-tu ? Combien de pas ?» Un coup je m'approche, un coup je m'éloigne. Un tel suspense peut, déjà, faire monter la sève. Si cela est, vous percevrez, Madame, une petite odeur caractéristique, légèrement acre, et quand votre langue se saisira du gland, elle transmettra à vos sens une saveur alcaline. Rien de dégoûtant là-dedans.

Quant aux caresses proprement dites, elles vont de larges coups de langue sur la hampe de la verge jusqu'à la succion totale du membre, en ayant auparavant poli le gland, avivé le frein, balayé le sillon, léché les bourses. Si vous sentez venir l'éjaculation, vous pressez le pénis entre vos doigts juste au-dessous du gland pendant quinze à vingt secondes. Le processus s'arrêtera. C'est ce qu'on appelle du **sexe-contrôle**. Vous pourrez éventuellement recommencer. Votre partenaire ne sera pas forcément d'un avis contraire...

Et, si décidément, Madame, vous n'arrivez pas à venir à bout mentalement et physiquement de votre aversion pour la fellation, rappelez-vous que l'acte sexuel inhibe une partie de nos sens, jusqu'à provoquer ce qu'on appelle «**la petite mort**». Le goût, l'odeur, tout ce que vous percevez sont placés hors du temps et de l'espace. La douleur même s'atténue ou disparaît. Pratiquer une fellation sur le premier venu qui passe serait abject. La dispenser à l'être que vous aimez, c'est lui apporter une magnifique preuve d'amour et de confiance, un capital dont vous toucherez vous aussi les dividendes.

Par contre, les rapports bucco-génitaux exigent que l'homme comme la femme veillent aux sécrétions. Accumulé en trop grande quantité dans le sillon balano-préputial, ou dans le capuchon du clitoris, le **smegma** peut dégager une forte odeur, nauséabonde.

La toilette intime doit bien sûr être quotidienne. Et la femme doit certes laver soigneusement ses organes externes (tout comme l'homme) mais ne pas oublier que, de par sa flore bactérienne, son vagin est à l'image de certains fours auto-nettoyants. Donc, attention aux produits utilisés pour les injections vaginales et qui risquent de détruire une partie de ces microbes bien utiles.

Pratiqués avec un art consommé, le cunnilingus tout comme la fellation, sont d'excellents moyens pour procurer du plaisir, le faire monter ou descendre, comme le son sur un transistor, jusqu'à mener plusieurs fois le partenaire au bord de l'orgasme...

Jusqu'à lui faire crier grâce.

SEQUENCE

«Parfois, je résistais aux soubresauts de la volupté et je restais tout à fait immobile tandis qu'en moi ses doigts, bougeant à peine, traçaient ma carte intérieure, que je n'avais encore jamais comprise, découvraient de nouveaux creux, et je sentais la pulsation de leurs veines contre le col de l'utérus, ils découvraient à l'arrière de la section inférieure du canal un bouclier qui, aussitôt touché, déclenchait un spasme automatique. Ici est le lieu de l'orgasme, nous disions-nous, en le localisant mentalement.»

Avec cet extrait de l'admirable roman de Kate Millet, *Sita*, qui relate un amour exceptionnel entre deux femmes, nous abordons la brûlante et mystérieuse question de l'orgasme féminin.

Ces messieurs me pardonneront si, une fois de plus, je prends apparemment le parti des femmes. Mais la nature est ce qu'elle est. Autant l'orgasme masculin est un produit d'une simplicité enfantine, puisque saute aux yeux l'endroit où il siège, même si l'onde du plaisir irradie le corps tout entier, de la pointe des cheveux jusqu'aux doigts de pieds, autant l'orgasme féminin pose problème dans la mesure où il n'apparaît pas véritablement en relief, mais en creux, disons en intérieur.

Ce que l'homme prétend remplir avec son pénis, ne serait-ce pas plutôt un moyen pour la femme d'emprisonner la verge masculine et de s'en servir comme d'un démarreur ?

Nous n'entrerons pas dans la querelle des clitoridiennes et des vaginales. En réalité, l'orgasme féminin peut se développer sur différentes parties du corps. Nous l'avons dit, certaines femmes parviennent à l'assouvissement par la seule friction des mamelons.

Petit tabouret pour grand orgasme

Pourquoi vouloir à tout prix atteindre la dimension précise et scientifique. Laissons, de grâce, un peu de mystère au tendre corps féminin.

Ce ne serait guère galant, Monsieur, que d'interroger de but en blanc votre partenaire pour savoir illico où se trouve son orgasme. Autant lui demander de décliner en même temps son âge, où elle habite, ce que font ses parents.

Maryse Choisy rejoint quelque peu l'assertion de Kate Millet quand elle affirme, rappelez-vous, que le grand orgasme prend naissance dans le museau de tanche, indirectement activé par tout un ensemble de mouvements du bassin des deux partenaires. Un peu comme si on prenait un petit tabouret pour attraper le pot de confitures ! Le plus difficile est de le dénicher, ce fichu tabouret.

C'est à l'homme de rechercher patiemment, au fil des rapports, l'angle idéal de pénétration permettant aux deux pubis de se rejoindre et de s'exciter en même temps.

En résumé, la femme est capable d'obtenir différents degrés d'intensité dans l'orgasme, suivant le théâtre d'opérations, clitoris, vagin, mamelons, bassin. Est-ce le même orgasme ? Ou s'agit-il de sous-produits par rapport au grand ? L'essentiel est bien de provoquer une émotion et de découvrir où et comment. Le reste n'est que babillage d'exégètes.

Comme une valse à quatre temps

Mais reprenons par le commencement. Nous avons laissé les deux partenaires à l'instant où les prémices ont fait long feu, si je puis dire.

Fellation sur l'un, cunnilingus sur l'autre. Vient le moment savoureux du plaisir suspendu. Le pénis ressent intensément un besoin irrésistible de pénétration. Au summum de l'émotion contenue, la vulve attend le pénis. Il y a alors entre les deux organes comme un arc électrique, une décharge émotionnelle qui inonde le cerveau. Le coït est devenu inéluctable. Il doit s'accomplir.

Quatre phases entrent en jeu dans l'accouplement. Valse sexuelle à quatre temps. La première, la **phase d'excitation**, aboutit à l'érection et à la turgescence des organes génitaux. La **phase de plateau** correspond à l'excitation maximale et provoque des modifications organiques et artérielles. L'**orgasme** constitue une réponse à cet état de fièvre général. Enfin la **phase de résolution** amène un bien-être, une détente, euphoriques et inégalables, accompagnée chez l'homme de somnolence tandis que la femme serait capable d'obtenir sur-le-champ un nouvel orgasme.

La cadence du coït, régime du moteur sexuel

L'intromission du pénis dans le vagin est un moment délicat qui doit permettre à l'homme d'inspirer à sa partenaire une totale confiance et un sentiment de sécurité très important.

Un doux frottement du gland, tout le long de la vulve, ajoutera un nouvel émoi, accentuera l'effervescence du clitoris et autorisera le vagin à s'ouvrir de lui-même pour livrer passage au membre viril, que la partenaire aimera peut-être introduire elle-même.

L'opération se fera très doucement, par un léger va-et-vient. Ensuite, Monsieur, prenez la mesure de l'endroit mais n'allez pas encore tout au fond. Le vagin n'a pas encore atteint la dilatation suffisante, et vous ignorez si le museau de tanche de votre partenaire est douloureux à la pression. De toute façon, vous n'irez pas au-delà. Il est donc inutile de vous défoncer. Vous avez ensuite plusieurs possibilités.

Si vous opté pour la position dite du missionnaire, ainsi nommée parce que l'Eglise catholique la recommandait autrefois à ses ouailles, soit la femme allongée sur le dos et l'homme s'activant au-dessus, vous pouvez commencer par imprimer à votre pénis un léger mouvement de va-et-vient, en le faisant même ressortir de temps à autre, ce qui contribuera à lubrifier convenablement le réceptacle vaginal et à mettre votre partenaire en prise.

Vous pouvez ensuite, en vous hissant sur les coudes, soulever tout votre corps, à la façon d'un arc-boutant et donner à la pénétration un angle légèrement vertical. Ainsi, votre pénis fera pression en même temps sur le clitoris.

Enfin, cher Roméo, en vous rapprochant du pubis et du bassin tout entier de Juliette, vous pouvez alors tenter de déclencher ce fameux grand orgasme, qui libère au niveau des deux partenaires des spasmes véritablement cosmiques. Mais, encore une fois, ne vous fixez pas là-dessus. Vous risqueriez de vous épuiser bêtement et finalement de décevoir. Le degré du plaisir n'est jamais identique d'un rapport à l'autre.

Le coït, c'est comme la danse. L'homme propose, la femme dispose. Ensuite, Monsieur, c'est vous qui dirigez et c'est à votre partenaire de suivre le pas demandé. Et c'est à vous d'ajuster la cadence du pénis aux effets souhaités, et de régler ainsi le régime du moteur sexuel.

Rut sur un petit air de lambada

De son côté la femme doit accompagner activement les efforts de son partenaire en adaptant les mouvements de son bassin au gré des événements.

Elle peut orienter le déhanchement dans le sens du pénis. Elle peut aller à contre-courant, Elle peut aussi lui donner un petit air de lambada !

Le pénis aura dès lors bien du mal à se contenir. Si les deux partenaires ont décidé de se livrer à un accouplement prolongé, l'homme peut se retirer doucement et laisser refroidir, juste un petit peu, avant de repartir à l'assaut.

En cas de faiblesse, vous êtes assez grands pour deviner ce qu'il est possible de faire pour redonner du tonus aux tissus spongieux. Si vraiment, vous manquez d'imagination, écrivez-moi !

Nombre d'amants essaient toujours de vivre l'orgasme ensemble, à la seconde près. C'est un peu dangereux d'en faire une règle permanente.

A force de se retenir, l'homme peut éprouver par la suite des difficultés à éjaculer. Ou bien la puissance du jet spermique s'en trouvera amoindrie. Il risque alors de se tracasser lors des rapports suivants.

Si le mental intervient trop dans cette affaire, cela risque d'aboutir à l'impuissance. Il ne faut pas transformer l'acte sexuel en procédure méticuleuse, pourquoi pas administrative. Donne-moi tel coup de rein en trois exemplaires et je te retourne le formulaire signé. La technique n'exclut pas la spontanéité. Au contraire, celle-ci doit finir par prendre le pas. Un peu comme on pilote une voiture sans y penser et tout en y prenant du plaisir. C'est tout un art qui ne s'acquiert pas du jour au lendemain.

Un mot enfin sur le fameux point G féminin, du nom de son inventeur, Grafenberg. Celui-ci prétend qu'une ou deux femmes sur dix émettent au moment de l'orgasme un liquide abondant, sans analogie aucune avec le sperme et qui proviendrait de glandes situées entre la partie antérieure du vagin et l'urètre. Certaines femmes d'ailleurs pensent à tort qu'il s'agit d'urine. Il est vraisemblable que Grafenberg a raison. Mais encore une fois, l'absence de cette émission spontanée ne veut pas dire que la femme n'a pas atteint l'orgasme. C'est un simple phénomène local.

Enfin, délicate question, celle de la fréquence du coït. D'une part on peut très bien avoir des rapports sexuels sans aller jusqu'au coït, bien que ce soit l'aboutissement logique et naturel de toute caresse génitale.

D'autre part, n'écoutons pas les super-mecs qui se prétendent capables de le faire tous les jours et plusieurs fois. La fréquence, c'est l'affaire du couple. Il n'y a pas de normes précises. Mais dites-vous bien qu'une relation sexuelle réussie n'a pas besoin de se renouveler le lendemain, voire le sur-lendemain. Ou alors, c'est qu'il y a un problème et que l'un des partenaires n'est pas pleinement satisfait.

A bon entendeur !

PLANS SUCCESSIFS

69, année érotique, chantait malicieusement Jane Birkin, du temps où Serge Gainsbourg était encore des nôtres.

La position 69 est effectivement le plus connu des plans successifs, dont dispose le couple pour se livrer à ses ébats. Ce n'est pas forcément le meilleur. Le 69 consiste en un cunnilingus et une fellation effectués simultanément et tête-bêche. Le fait de stimuler le partenaire tout en étant soi-même stimulé atténue la perception du plaisir reçu.

Pour ma part, j'ai renoncé à dresser un échantillonnage de toutes les positions possibles et imaginables. Imaginables est bien le mot. Cela veut dire que c'est au couple de faire preuve de fantaisie et d'improvisation. Les positions vont du missionnaire à la brouette ! Par-devant. Par-derrière. Sur le côté. Debout. Assis. Sur un coin de table. Sur la barre d'un fourneau (éteint si possible). Dans la baignoire (gare aux savonnettes). Dans la piscine (méfiez-vous du chlore). Dans la mer (attention au gendarme de Saint-Tropez).

On peut trouver des quantités de positions s'il s'agit simplement de vérifier que dans telle ou telle posture il est possible de pratiquer l'intromission du membre viril. Et on peut varier à loisir une seule et unique position, ce qui produit évidemment des sous-positions.

Supposons peu et supposons bien. Toutes ne sont pas forcément la meilleure manière d'atteindre le sommet de la plénitude. Une seule est impossible : dos à dos, à moins d'avoir un pénis en trompe d'éléphant. Ce qui n'empêche que, dos à dos, on peut quand même se faire des choses...

Face à face, l'homme dominant la femme, c'est l'une des meilleures pour un coït satisfaisant. Surtout si la femme sait écarter les jambes, plier les genoux, soulever les pieds, les placer éventuellement sur les épaules de l'homme, etc.

Il faut tout de même admettre que l'expression sport en chambre n'est pas déplacée, non ? Un conseil, Monsieur, cependant, ne prenez pas votre partenaire pour un matelas. Apprenez à utiliser vos coudes, ou vos mains. Un peu de galanterie, tout de même.

Face à face, la femme dominant l'homme, cette position permet à la partenaire, accroupie, ou, mieux, à cheval, de participer plus localement au coït en activant son vagin sur le pénis, et en s'excitant elle-même de ses propres poussées pelviennes. L'homme de son côté peut pratiquer des caresses sur le clitoris. Se regardant l'un l'autre, prenant un plaisir extrême de pouvoir s'observer dans une pose lascive, les deux partenaires ne peuvent que trouver dans cette position le summum d'une excitation et d'une réceptivité réciproques et parvenir ainsi au zénith de la jouissance sexuelle. Peu avant l'éjaculation, l'homme peut ramener la femme sur lui et l'étreindre coeur à coeur.

Face à face et côte à côte, c'est la position reposante par excellence. Pour obtenir un enlacement plus étroit, la femme peut passer la jambe par-dessus celle de son partenaire, laissant l'autre reposer sur le lit. Elle peut aussi glisser une jambe sous celle de l'homme. C'est une position indiquée en cas de maladie ou de faiblesse. Dépourvue de poussées accentuées, elle pourra sembler moins excitante.

La position dite **en levrette** (pénétration par l'arrière, la femme tournant le dos à l'homme) permet, c'est bien connu de gagner un ou deux centimètres. Elle comporte plusieurs options, soit l'homme et la femme allongés côte à côte, en chien de fusil. Le pénis pénétre facilement dans le vagin et la pression des fesses de la partenaire sur le scrotum procure des sensations particulières. Soit la femme allongée sur le ventre, l'homme se plaçant dessus. C'est plutôt écrasant comme situation. Soit la femme agenouillée ou accroupie, la tête et les seins prenant appui sur le lit. Soit encore l'homme assis sur le bord du lit ou sur une chaise, la femme prenant position sur son pénis en lui tournant le dos. La position en levrette est celle qui permet une soudure quasi parfaite des corps dans une pénétration profonde. Jusqu'à la gorge, pourrait-on dire ! En outre, l'homme a toute liberté pour presser les seins de sa partenaire ou caresser son clitoris. Aspect excitant pour certains, le côté bestial. Par contre, il est important de veiller à une intromission sans douleur.

Parmi les **positions assises**, citons celle de la femme à califourchon sur l'homme et lui faisant face, tous deux reposant sur une chaise ou le bord du lit. La femme peut nouer ses jambes autour de sa taille. Celle de l'homme assis sur une table, par exemple, la femme restant debout devant lui. Il peut alors saisir ses hanches et lui faire effectuer un va-et-vient entre ses cuisses. Autre variante, l'homme accroupi entre les cuisses de la femme étendue sur le lit. Il peut alors la saisir sous les fesses et jouer avec son bassin. Les **positions debout** sont les plus inconfortables. Tout dépend de la taille des deux partenaires. La plus courante est celle de la femme agrippée comme une liane. Pour Tarzans.

COUPEZ !

Il n'est jamais agréable pour un comédien de recommencer plusieurs fois la scène qu'il vient de tourner. Coupez !

Ce n'est guère plus agréable pour le partenaire masculin, atteint d'impuissance, d'éjaculation précoce ou d'éjaculation tardive. Dans le premier cas, il ne parvient pas à obtenir une érection suffisante pour pratiquer un coït satisfaisant. Sa partenaire a beau faire, il souffre soit d'un blocage psychologique, soit d'une insuffisance organique, mauvaise circulation sanguine ou lésions nerveuses. Dans l'éjaculation précoce, l'homme jouit trop vite, après une courte période de stimulation. A peine introduit dans le vagin, le pénis se soulage. Quand il ne le fait pas avant même d'avoir atteint la porte. C'est l'éjaculation *ante portas,* qui autorise certains sexologues à affirmer qu'il n'y a pas de femmes frigides, simplement des éjaculateurs précoces. Voire... L'éjaculation tardive, c'est tout le contraire. Elle est beaucoup moins fréquente que la précoce. Ce peut être un bienfait pour la femme, qui peut ainsi obtenir des jouissances répétées, mais à la longue cela peut devenir ennuyeux et c'est dangereux pour l'équilibre du couple. Elle est généralement le signe d'une impuissance secondaire. Un autre motif d'interruption de l'acte sexuel, ce peut être également la sodomie, soit l'intromission anale du pénis. Toutes les femmes n'y sont pas favorables. Tout cela est aujourd'hui affaire de goût. Toute pratique sexuelle n'est déviante que si elle est exclusive ou imposée de force par le partenaire.

HAPPY END

Le happy end, après l'amour, c'est aussi important que les prémices.

La conclusion d'un coït doit être heureuse, sereine, affectueuse et sentimentale.

O les vilains qui se retournent de l'autre côté et s'anéantissent dans un sommeil profond, laissant seule et décontenancée la dame de leurs pensées.

La première chose à faire, c'est d'éviter de retirer trop vite et trop brutalement son pénis.

Au contraire, cher Casanova, laissez-le encore quelques instants dans cet abri douillet, exécutez encore quelques mouvements lents et souverains.

Marquez votre reconnaissance par quelques baisers déposés çà et là avec douceur et respect. Comme un hommage.

N'oubliez pas que votre Juliette est encore au sommet du plaisir alors que, tout en éprouvant, certes, un profond bien-être, vous êtes déjà retombé dans la banalité.

Le plus dur après l'amour, c'est de retrouver le chemin des mots, après cette longue communion silencieuse.

Un amour profond évitera le vulgaire *c'était bien !*

Il préférera plutôt encore et toujours des caresses, voire des petits massages.

Après, vous verrez comme il est bon de s'endormir dans les bras l'un de l'autre !

4.

EXOTISMES

Scénarios d'ailleurs ... Exotismes, plutôt. Il est certain que parfois les autres peuples ont de ces idées. Bonjour, fantasmes ! Mais savez-vous ce qu'il y a derrière la feuille de papier à cigarettes qui tue... de plaisir ?

SPECIALITES

Savez-vous comment les Japonais font l'amour ? Et les Alsaciens ? Et les Belges ? Rassurez-vous, comme tout le monde. Simplement, la culture est différente, mais les sexes sont les mêmes.

Par contre, un indien d'Amazonie copulant se sentira plus proche de la nature qu'un New-Yorkais perché sur son gratte-ciel, sa secrétaire préférée sur les genoux. Ca se comprend.

Prenons le clitoris, c'est un article universel. Quant à la manipulation, elle peut varier d'une peuplade à l'autre. Certaines ont le toupet de supprimer ce qu'elles considèrent comme un accessoire inutile. C'est bizarre, aucune n'érige en postulat l'émasculation (ou ablation des glandes génitales ; on dit plus communément castration). Sous toutes les latitudes, les hommes ont bien de la chance. Mais ça pourrait changer.

Les rois de la feuille de papier à cigarettes

Je me souviens d'un ancien de la Royale (Marine Nationale) qui prétendait que les asiates étaient les rois de la feuille de papier à cigarettes.

C'est fou ce qu'on peut faire, affirmait-il, avec un Rizla-Croix insidieusement promené sur les muqueuses de la vulve, et remontant perversement jusqu'au bouton. Si vous voulez essayer, munissez-vous de plusieurs paquets.

Ca s'imbibe si facilement. En fait, mon copain voulait dire par là que les Jaunes sont les rois du raffinement dans les caresses sexuelles.

Un autre ancien, d'Indochine celui-là, m'a montré l'état de son gland après un coït, innocent disait-il, pratiqué sur une militante du Viet-Minh, et qui se révéla interrompu par une lame de rasoir insidieusement dissimulée dans la vulve. Son gland n'avait pas résisté. O jouissance d'acier. Notez, il s'en était bien tiré. Le médecin avait pu stopper l'hémorragie. Et le fil de la lame avait dévié, épargnant ainsi les trois-quarts de son petit bout. N'empêche, il lui en manquait un morceau. Ca ne repousse pas, ces petites choses-là. Quand je vous aurai confié qu'auparavant il souffrait d'une angoisse de castration, certainement prémonitoire, et qu'il en fut ainsi guéri, vous ne me croirez pas. C'est pourtant vrai.

Le gros zizi qui fait d'la zique

Mesdames, si vous rêvez d'un gros zizi (allez savoir pourquoi), songez que les indiens Kamayura du Brésil, dans la célèbre réserve du Xingu, approchent les dieux au moyen d'énormes flûtes sacrées (comme de monstrueux phallus) qu'une femme ne doit jamais voir, sous peine d'être violée, voire immolée.

Si le pénis de votre partenaire laisse un jour échapper quelques notes de musique, demandez-lui aussitôt s'il n'a pas une parenté quelconque du côté de l'Atlantique sud, et réfugiez-vous sur-le-champ dans la salle de bains.

Monsieur, si les petites filles vous attirent irrésistiblement, plutôt que de vous retrouver devant un tribunal, traversez vite la grande bleue et faites-vous naturaliser indien Xikrin (toujours au Brésil).

Là-bas, les jeunes filles dansent entre elles l'après-midi (jamais avec un homme). Par contre, dès la nuit tombée, l'entrée de leur hutte est ouverte à qui veut bien en franchir le seuil, et ce dès l'âge de huit ou dix ans. On estime alors qu'elles sont mûres pour l'acte sexuel.

Là-bas, dès la puberté, chaque garçon reçoit solennellement un étui pour son pénis. La nuit venue, il peut se glisser dans la hutte de la jeune fille de son choix. C'est-y pas aussi bien, sinon mieux que le droit de cuissage !

Vous qui rêvez d'amour dans les blés, sachez que certaines tribus d'Australie préconisent qu'au temps des semailles un puceau et une vierge s'unissent dans les champs et répandent sur le sol les sécrétions de l'orgasme afin que plus tard les moissons soient abondantes. Voilà au moins un coït interrompu qui sert à quelque chose.

Dans certaines peuplades indiennes d'Amérique, ce sont les filles qui se masturbent sur une terre pour y faire pousser le blé. Chez les indiens Hopi, on lave les cheveux des mariés dans des cuvettes séparées, avec de la mousse de yucca. Puis on verse les deux contenus dans une seule cuvette où le couple plonge la tête ensemble. On mêle et on lie ensuite les deux chevelures. Voilà pour nos publicitaires en mal d'inspiration l'idée d'un shampoing sexuel qu'il faut tout de suite commercialiser...

Exotismes... Spécialités... Il faut savoir qu'il y a parfois du vrai, souvent du faux. Tous les peuples font l'amour de la même façon. Mais si ça peut enluminer vos nuits, demandez-vous ce qu'il y a sous le kilt d'un Ecossais !

5.

ALLO, DOCTEUR...

Allo, Docteur, j'ai mal à mon couple ! Voici quelques cas, plus ou moins courants. Le goinfre. Le bigame. Les tendres... violents. Les différences d'âge (mais tout est dans la tête). Enfin, le gentil pornophile. Il y en a bien d'autres. On pourrait consacrer toute une collection aux confidences des uns ou des autres. Et, si vous avez un problème, n'hésitez pas à nous écrire !

MISE EN APPETIT

«Je ne suis pas portée sur la chose, mais quand je me mets à table, je fais comme tout le monde.» C'est ainsi que s'était exprimée, dans son franc-parler, une de mes amies un jour où l'éternelle question des rapports amoureux venait de surgir au hasard d'une conversation.

J'avais trouvé l'image plutôt bien ficelée.

Effectivement les plaisirs de la table sont souvent précédés d'une mise en appétit. Il y a éventuellement l'apéritif en famille ou entre amis. Il y a le délicieux fumet qui s'échappe des casseroles. Il y a le bruit des couverts qu'on dispose. Tout cela vous échauffe la langue et l'estomac.

Eh bien, il en va de même pour les plaisirs du lit. Il y a une certaine mise en appétit qui conditionne la suite des événements. Et c'est là que souvent s'interpose une différence de comportement fondamentale entre les deux partenaires.

Monsieur se précipite sur le plat tandis que Madame se demande encore comment elle va se restaurer. Son désir , à elle, n'a pas quitté les méandres du cerveau que le sien s'extériorise avec arrogance.

Elle se concentre alors qu'il galope. Elle ébauche un geste. Il est sur le chemin de l'orgasme. Elle tente de retenir l'étalon qu'il est déjà trop tard. Il a joui. Les quelques baisers qu'il va lui donner, comme pour s'excuser de sa maladresse, ne pourront compenser une sourde frustration.

Attention, il ne s'agit pas pour le couple idéal d'atteindre systématiquement l'orgasme à la même seconde. Il est plus facile de l'écrire dans les romans que d'y parvenir dans la réalité.

Si l'homme se retient trop, à la longue, il risque l'impuissance. Par contre, s'il veut satisfaire pleinement sa partenaire, il doit impérativement apprendre à attendre.

Les préludes galants, les échanges de caresses, les attouchements furtifs, les cheminements du doigt, les étreintes dérobées, les baisers à la fois rapides et appuyés, toute une panoplie de petites manières amoureuses destinées à attirer l'attention sur un point précis, tout cela compte dans l'aboutissement final du plaisir.

L'agacerie sexuelle, n'ayons pas peur du terme, élabore une sensation étonnante, un suspense fou qui produit chez l'homme comme chez la femme un déferlement insensé de voluptés qui ne trouveront leur point d'orgue que dans l'assouvissement final. Il est dommage que l'homme pressé passe à côté et en prive en même temps sa partenaire.

« Mon plus grand malheur, écrit Rousseau dans *Les Confessions,* Première partie, livre VIII, *fut toujours de ne pouvoir résister aux caresses. »* Ce cher Jean-Jacques sait de quoi il parle. Il est difficile de se dérober à des mains expertes, ainsi dotées d'un pouvoir fabuleux.

Pour en terminer avec l'impatience masculine, précisons qu'elle se soigne plus facilement que l'impuissance. Et c'est la femme qui détient les moyens de la guérison. Il lui suffira d'organiser deux ou trois soirées romantiques, petits câlins sur canapé, dîner aux chandelles, toutes surprises que l'homme appréciera et qui l'amèneront progressivement au désir maîtrisé.

UN BIGAME TRES ORDINAIRE

Mais sur quel bout de papier sans importance, certainement égaré, avais-je écrit que grâce à sa femme l'homme, parvenu à l'âge adulte, pouvait enfin caresser le sein de sa mère ?

Un énoncé qui rejoint ce vous-nous-demandez-tout féminin... d'être femme, maîtresse, amante, mère, amie, etc. Pas facile pour l'épouse ou la compagne de se transformer successivement tout au long d'une vie à deux que la durée, les soucis, les affrontements n'épargnent en aucune façon. Souvent d'ailleurs, l'homme fait ce choix lui-même. Avec l'apparition des enfants il en arrive tout bonnement à dire *«Maman»* à sa femme. Progressivement les plaisirs de l'amour s'émoussent et il finit par ne plus y penser du tout, ou du moins il regarde de l'autre côté, plus loin. Arrive ce qui doit arriver. Sa fidélité se brise sur une amie de rencontre, pas forcément belle, laide parfois, souvent vulgaire, mais qui lui procure les émotions fortes qu'il ne s'est jamais permis de suggérer à sa femme-mère parce qu'il la respecte, celle-là.

L'autre n'est que l'objet de son besoin de domination, et le mépris qu'il lui porte est proportionnel au plaisir qu'il reçoit. Et pas question de divorce, bien sûr. C'est qu'il aime sa femme légitime. Mais il ne peut, il ne veut se passer de la seconde.

Que faire ? C'est tout simple. D'abord se poser la question de savoir si l'on tient à son couple, à sa famille. Si c'est le cas, il faut ensuite battre sa rivale sur son propre terrain. «Il me prend pour sa mère ? Je vais devenir sa maîtresse ! Je vais l'étonner !»

Voilà, somme toute, un exemple de bigamie très ordinaire chez un homme. D'une part, la tendresse envers une femme respectée, de l'autre une sensualité exacerbée envers une femme méprisée. Rien n'est perdu pour le couple. «*On ne pense pas à tous les frais que nous avons, nous autres bigames,* se lamente, dans *Le Captif*, Tristan Bernard, *Deux mariages, vous savez, ça vaut un incendie.*» O que Madame saura éteindre ce feu-là. Si elle le veut, bien sûr.

* * *

TENDREMENT VIOLENTS

«Je le trouve beau, quand il est en colère !»

Il existe effectivement des couples qui n'atteignent un plein épanouissement qu'à travers des phases successives de violence-réconciliation. Le plus célèbre d'entre eux, à cet égard, dans le milieu du cinéma, fut sans conteste le tandem Taylor-Burton. Ils se déchirent, se retrouvent, se quittent, se revoient, se boudent, flambent à nouveau, tout en sachant bien qu'ils se sépareront un jour définitivement. A moins que... Pourquoi pas ?

Ils ne pourraient vivre hors d'un état permanent de crise, un climat passionnel qui les distingue des autres gens, ceux qui, disent-ils, se contentent d'une relation tiède, pour ne pas dire inexistante. Vus de l'extérieur, on les prend pour des masochistes. Et ils le sont certainement, à leur manière. Ils se servent des mots comme d'un fouet. En guise d'appareils de torture, ils se fabriquent des situations pas possibles. Ils se lancent des défis qui sont autant d'ongles acérés lacérant leur chair. Et, bien entendu, ils se jettent la vaisselle en pleine figure. Tendrement violents (mais oui) leurs accouplements se situent parfois à la limite de l'assassinat.

C'est arrivé à l'une de mes relations de travail. Un soir que son mari est rentré très tard à la maison, de crise de jalousie féminine la scène de ménage s'est transformée en distribution de gifles masculine, que mon amie a reçues comme autant de preuves d'amour ...tout en y prenant un trouble plaisir. De là à se demander si elle ne nourrissait pas des penchants masochistes, il n'y avait qu'un pas, vite franchi quand les assauts sexuels de son mari sont devenus véritablement violence, sans qu'elle songe à protester en quoi que ce soit. Consulté, le psychologue a calmé le jeu, en comparant simplement cette situation à celle, classique, de l'enfant **puni-ravi**. Soumis à la toute-puissance de ses parents, il encaisse le châtiment avec une sorte de satisfaction intérieure. Il n'en est pas masochiste pour tout autant. Il est simplement heureux de l'intérêt qu'on lui a témoigné.

L'acceptation d'une certaine violence sexuelle n'exprime pas autre chose. Le partenaire qui la reçoit sans broncher manque de confiance en lui-même, il éprouve une crainte irraisonnée d'être abandonné. Celui qui l'inflige concrétise son besoin de puissance tout en avouant inconsciemment sa propre faiblesse, ses doutes, ses appréhensions, notamment chez l'homme au niveau de la virilité.

Certes, il s'agit là d'une relation un peu tordue, mais si chacun s'en accomode tout en y prenant du plaisir, pourquoi en changer ? Rien à voir avec la véritable déviance sado-masochiste, soit une recherche obsessionnelle du plaisir par la souffrance systématique, qu'elle soit infligée ou reçue.

* * *

NYMPHETTES, BARBONS, VICE-VERSA

M. X, P.-D.G. sexagénaire d'une célèbre firme, a épousé sa toute jeune et émoustillante secrétaire.

M. Y, comédien fortuné, septuagénaire, a épuisé pour sa part une bonne demi-douzaine de starlettes.

M. Z, sculpteur et chanteur d'un certain âge, s'est déguisé quant à lui en jeune papa...

Les exemples pullulent, dans les gazettes «people», de ces unions, la plupart du temps éphémères, entre deux personnes d'un âge très opposé, et où ce n'est pas toujours la femme qui est la plus jeune.

Dans ce genre de potins, les dames passent pour des catins, et les mecs pour des macs.

Et, voyez-vous, c'est injuste.

Parce que ces rubriques dites à scandale sont le reflet de nos pulsions les plus intimes, les plus secrètes. D'où leur succès.

Tous ces gens qui constituent le dessus du panier de notre société, ils réalisent au grand jour ce que bien souvent nous n'avons pas l'audace de faire, soit parce que nous sommes timorés, soit encore parce que nous sommes hypocrites.

Souvenez-vous de Piaf et Sarapo. Les psychologues vous diront que l'inoubliable Edith a pu ainsi mettre au monde l'enfant qu'elle n'a jamais porté. Ce style de relation dérive souvent d'un complexe et permet une compensation.

Dans le même ordre d'idées, le compositeur que nous mentionnons précédemment a probablement développé un sentiment de frustration par rapport à des petites filles qu'il n'a jamais pu (ou osé) toucher au cours de son enfance.

De la même manière, le jeune homme qui ressent un incoercible attrait pour des femmes plus âgées peut très bien cultiver là une forte **fixation infantile** à sa mère.

Il tente ainsi de retrouver le confort, la sécurité, le bien-être et la jouissance qu'il a connues dans le sein maternel et au-delà. L'indulgence et la compréhension qui lui sont témoignées dans ce type de rapports l'indemnisent du défaut d'expérience et de la frivolité des partenaires de son âge.

Pourquoi, au nom de quelle morale désuète, irions-nous condamner ce type de relation pourvu qu'il soit sincère et partagé, respectueux de l'autre, et bien entendu parfaitement désintéressé ?

Gigolos, gigolettes, s'abstenir.

DOCTEUR PORNO ? NON, MERCI !

Il est de plus en plus fréquent aujourd'hui, à certaine heure tardive devant le petit écran, de zapper sur un film un tantinet pornographique.

Dans ce cas deux scénarios sont possibles. Ou bien Monsieur est seul face au récepteur et il y a de fortes chances pour qu'il attende de voir affiché le mot «fin» avant de passer à une autre occupation. Ou bien Madame est avec lui et la plupart du temps quelques séquences suffiront à en dégoûter l'un comme l'autre, je dis bien l'un comme l'autre.

Monsieur cache son jeu, m'objecterez-vous, tandis que Madame estime sans doute que ces cabrioles dépouillent la sexualité de toute poèsie, de tout sentiment. Et Madame a raison. Quant à Monsieur, croyez bien qu'il ne se renie pas en acceptant de changer de chaîne, voire en proposant lui-même la substitution. C'est tout simplement qu'il est doté par la nature d'une sexualité différente. Et par rapport à celle de la femme, elle se nourrit davantage d'excitations, d'érotisme, indépendamment de tout sentiment.

Par contre, s'il est normalement constitué, une présence féminine à ses côtés devant un film X le rendra mal à l'aise. Il craindra que sa partenaire pense qu'il n'aime en définitive que ce sport-là, bien particulier. Alors qu'en réalité il sépare très bien dans sa tête excitation sexuelle et amour.

Cela veut dire qu'il peut se livrer à des ébats purement physiques. Mais quand il aime une personne, les deux choses alors se mêlent de façon très subtile et l'acte sexuel dans ce cas devient un acte d'amour à part entière. Il ne peut aimer sans le sexe, mais il peut très bien pratiquer le sexe sans amour. Et c'est bien là une contradiction qui déconcerte les femmes quand elle ne les scandalise pas.

Si donc, Madame, vous découvrez, horrifiée, des revues pornographiques dans le tiroir du bureau de votre mari, de grâce, ne le prenez pas pour un désaxé sexuel et n'allez pas non plus penser qu'il ne vous aime plus. Cela n'a rien à voir. Demandez-vous plutôt s'il n'a pas un petit problème. C'est possible. A moins qu'il n'ait simplement éprouvé l'envie d'un supplément d'excitation.

Ceci dit, quelle attitude aura un couple normal devant ce phénomène de société qu'est le déferlement de la pornographie jusque dans nos chaumières?

D'abord, pas de refus systématique de l'un ou l'autre partenaire. Nous ne sommes plus des enfants, tout de même. Par contre, penser que de telles séquences pourraient avoir un effet thérapeutique, voilà qui mène tout droit aux déconvenues les plus cruelles. Ce type de films, appauvrissant, risque au contraire d'inspirer des nausées à quelques dames, à certains messieurs des fantasmes bien illusoires. Ils diffusent dans tous les cas une piètre image de la sexualité et se livrent à une triste banalisation de l'acte amoureux. Le couple le plus averti sera celui qui les visionnera sans complexes, en éclatant d'un bon rire sain face aux prouesses invraisemblables des protagonistes.

Et si par bonheur il entreprend de zapper à sa manière ...sur le canapé, voilà bien la meilleure façon de se faire sa télé érotique à soi.

Sans prétentions !

6.

ET MAINTENANT...

Et maintenant ? La révolution !

En effet, ce livre se veut un point et un poing sur les deux "i" du mot plaisir accompli dans une intention d'amour.

Le point, nous avons tenté brièvement de le faire. Celui du navigateur soulevé par l'océan sexuel.

Le poing, nous en avons frappé la table des tabous, la tables des maladies sexuelles trop facilement transmissibles, la table de l'hypocrisie, la table des aphrodisiaques qui ne réglent pas tous les problèmes, la tables des déceptions, etc.

Et maintenant ?

Allons plus loin !

PASSEZ-MOI L'A.N.P.S.

A.N.P.E... Agence Nationale pour l'Emploi.

A.N.P.S... Agence Nationale Pour le Sexe.

L'A.N.P.S. n'existe pas. Il faudrait l'inventer.

C'est là que seraient regroupés tous les services professionnels qui gravitent autour du sexe, depuis le psychologue, le psychiâtre, jusqu'à la sex-shop, y compris la prostituée de service (ayant dans ce cas fonction d'initiatrice ou de thérapeute), le courrier du coeur, le conseiller conjugal, l'astrologue, et bien évidemment le prêtre, plusieurs prêtres, de toutes les confessions religieuses.

Avec, bien entendu, des accueils multiples, une salle de conférences, une salle de cinéma, enfin tout ce que l'on serait en droit d'attendre d'un tel complexe, et qui n'aurait rien d'analogue avec les fameux éros-centers ouest-allemands.

Ce n'est pas une plaisanterie. Il est tout de même surprenant de constater qu'à l'aube de l'an 2000 de notre ère, une affaire aussi importante que la sexualité, aussi bien pour l'individu que pour la collectivité, demeure dans les bras du laxisme et du hasard, ne soit pas prise en charge d'une manière plus positive par les institutions. Sérieusement, il devrait y avoir un Ministère de la Sexualité. Tout gouvernement est censé vouloir le bonheur du concitoyen. Tout ce qui concerne notre vie est pris en charge à un moment ou à un autre, sauf le sexe. C'est une aberration.

Aussi essentiel que le boulot...

Désolé, Messieurs les énarques et autres penseurs des grands et petits cabinets ministériels, qui ne songez, j'en suis persuadé, qu'à notre bonheur... le sexe, ou plutôt la vie affective, c'est aussi important que le travail, sinon plus. C'est une affaire d'épanouissement personnel, dont les retombées ne peuvent être que positives pour tout le reste. Y compris l'économie.

Comment ne pas plaindre un grand nombre de nos concitoyennes, de nos concitoyens, quand, aprés avoir subi, toute la sainte journée, un travail qu'ils n'aiment pas, il leur faut réintégrer un domicile conjugal où ils savent par avance qu'ils ne vont pas s'éclater. Triste, Messieurs, triste.

On prétend lutter contre l'alcoolisme, contre la drogue, contre la prostitution. Bravo. Mais on réprime, sans s'attaquer aux véritables racines du mal. Tenez, fermez les bistrots, par exemple, et vous verrez ce qui arrivera. Mais vous n'y songez surtout pas. Vous êtes assez intelligents pour comprendre que le zinc constitue pour une bonne majorité d'entre nous un dérivatif, un exutoire, à ce mal-être qui nous ronge, jour après jour. Alors, d'un côté on réprime, de l'autre on augmente les taxes. Et le tour est joué. Voilà un exutoire relativement enivrant pour l'Etat collecteur d'impôts. Qui plus est, la morale est sauve.

Tant qu'il y aura des p... pour éponger

Prétendre que la prostitution existe parce les hommes sont des cochons, c'est un peu simpliste, tout de même. Dans ce cas, tant qu'il y aura des p... pour éponger les obsédés, pourquoi changer. D'autant plus que la prostitution, c'est juteux... pour les caisses de la République. Et puis, que ferait-on des policiers spécialisés dans cette activité économique particulière ? Ca ferait encore du chômage.

Allons, cessons d'être hypocrites et de prendre le citoyen de base pour un imbécile.

Mais, puisque nous avons la chance aujourd'hui de pouvoir discourir sans retenue sur le sexe, puisqu'il s'étale sans discernement sur nos murs et dans nos têtes, allons jusqu'au bout de la logique. Mettons un peu d'ordre dans tout ça.

Non point de l'ordre autoritaire, mais tout un ensemble d'éléments qui aillent dans un sens suggéré du bien-être individuel.

A l'ère des contraceptifs, une jeune fille qui se fait avorter, c'est inadmissible. Penser qu'à l'âge de la sur-information, il existe encore des faiseuses d'anges ! Parce que les parents ou l'enfant n'ont pas eu le cran d'aller à l'hôpital.

Cela dit, ce n'est pas parce que l'avortement est légalisé qu'il est dénué de nocivité. L'avortement est un attentat à la vie. Il faut à tout prix éviter d'en arriver là. Toute jeune fille, tout jeune homme, en situation d'éducation sentimentale, devraient en être convaincus.

La toute, toute première fois

En réalité, le premier rapport amoureux, voilà ce qui devrait faire l'objet d'attentions particulières, de la part des parents comme des éducateurs.

Non pas dans une conception rétro de l'éducation. Mais que la jeune fille, le jeune homme, comprennent qu'il s'agit là d'un acte essentiel, qui ne se fait pas dans n'importe quel état, avec n'importe qui. Le flirt un peu poussé devrait suffire à assouvir les pulsions juvéniles.

Aujourd'hui comme hier, l'adolescent, l'adolescente sont comme des passe-murailles, par rapport à la famille, par rapport au lycée.

Ils se retrouvent tout à coup à l'extérieur, un peu surpris, et il leur faut assumer. Rien de sérieux n'est vraiment fait pour qu'ils aient une chance de développer un jour une vie affective harmonieuse. Le sexe est encore un sujet tabou dans de nombreuses familles. Celles-ci se reposent sur l'école. De leur côté, les maîtres estiment que c'est d'abord le rôle des parents. Et ils ont raison.

Non au sexe aseptisé, disséqué en laboratoire

Expliquer le sexe, ce n'est pas une affaire de pures techniques, de dissection, dans un laboratoire aseptisé. Il y faut de l'affection et de la tendresse. Au hasard de la vie, des rencontres, l'adolescent, l'adolescente, auront peut-être la chance de suivre un bon parcours. Mais, pas forcément. Il faut leur donner le plus d'atouts possibles. Certes, de toute façon, la vie va leur botter le derrière, comme on dit, et il n'y a pas de meilleure école que celle de la vie. Mais ce n'est pas une raison pour les abandonner à eux-mêmes.

Ce qui m'a toujours frappé, c'est qu'un rôle aussi important que celui de mère et de père n'est pratiquement pas enseigné. Il n'y a pas de formation véritable. Pour gagner des sous, oui, on vous apprend. Pour faire des gosses, leur donner ensuite une éducation, non. Comme si, jusqu'à maintenant, la société préférait que les gens tombent dans le piège du mariage (ou de la co-habitation) plutôt que de mûrir la chose ; comme si on avait peur qu'au dernier moment ils reculent.

J'irai plus loin, ce *oui* devant Monsieur le maire, quand il s'agit de mariage, ça veut dire quoi ? Rien. Seulement, vous avez signé. Et si vous divorcez, ça vous coûtera cher. A partir de maintenant, vous allez devoir assumer vos devoirs, des devoirs qu'on ne vous a pas véritablement appris. Bien sûr, l'instinct maternel, l'instinct paternel sont là. Mais ce n'est pas vraiment suffisant.

En fait, devant Monsieur le Maire, c'est d'abord un diplôme (non obligatoire tout de même, vie privée, liberté individuelle obligent) qui pourrait être remis aux candidats au mariage :

- Mademoiselle, Monsieur, vous êtes déclarés véritablement aptes à vous marier. Voulez-vous maintenant concrétiser cette aptitude en vous unissant devant la loi ?

En fait, on n'a pas le droit de ne pas payer d'impôts, mais on a parfaitement le droit de mettre au monde dans n'importe quelles conditions. C'est un peu dingue. L'embryon qui, en naissant, se découvre des parents affectueux, tendres, attentifs, a de la chance. Ce n'est pas toujours le cas. On n'a pas le droit non plus de piloter sans permis, mais on a le droit de copuler, sans savoir véritablement ce qu'on est en train de faire. Curieux, non ?

Mais je reviens à mon idée d'A.N.P.S...

- Allo, passez-moi l'A.N.P.S. Voilà, j'ai vingt-deux ans. Je souhaiterais avoir une relation amoureuse durable. Pourriez-vous m'expliquer ce qui peut m'arriver ? D'abord, dites-moi s'il y a plusieurs types de relations amoureuses ?

- Ne quittez pas, je vais vous passer la secrétaire de M. X.

- Bonjour, Monsieur, je peux vous inscrire en rendez-vous pour mardi ?

- O.K. au revoir !

A la lettre "S", dans les pages jaunes

Soyons clair, il ne s'agit pas de substituer aux responsabilités familiales un organisme administratif de plus. Mais, consultez donc les pages jaunes de l'annuaire, ces fameuses pages qui font, paraît-il, la fierté de notre chère vieille Poste. Cherchez du côté de la lettre "S", quelque chose comme sexe, ou sexualité. Vous n'y trouverez que le mot sex-shop. Sans commentaires.

Non, il s'agirait simplement d'imaginer à Paris un lieu, où l'on puisse dialoguer, s'informer, se former, rencontrer des gens qui n'aient pas l'obsession de vouloir à tout prix vider nos poches. Tiens, pourquoi pas Bercy ? Ou plutôt la grande arche de la Défense, qui de ce fait deviendrait la grande arche de l'Amour. Ca ferait plus joli, non ?

Par avance, merci, Monsieur le Président !

Le poids du sexe : 50 %

Autrefois, le langage d'une mère autorisant son fils à sortir le soir était en gros le suivant : *Ramassez vos poules, je lâche mon coq !* Pour les filles, le comportement était sensiblement différent. On les serrait de près. Pourquoi ? Pour éviter qu'elles aient des ennuis ? Non. Pour éviter **les** ennuis et respecter les convenances.

Dans le même ordre d'idées, je me souviens de la réaction de cette maman très convenable qui, apprenant que sa fille divorçait, se demandait avec désespoir ce qu'elle allait dire aux voisins ! Elle se souciait plus du qu'en-dira-t-on que des problèmes affectifs de sa fille. Alors qu'il vaut tout de même mieux rompre si l'on n'est pas bien dans sa peau de couple.

Plus important que les convenances aujourd'hui est l'épanouissement personnel. Si, en plus, on peut le partager, voilà qui est mieux.

C'est bien le but de cet ouvrage, amies lectrices, amis lecteurs, que vous venez de parcourir, nous l'espérons, avec intérêt. Dans la réussite d'un couple, le rapport amoureux, c'est environ 50 % de la réussite, mais ce n'est pas tout.

Après nous avoir lus, après avoir éventuellement complété votre information par le biais d'autres livres (voir notre index > à lire >) vous aurez tout de même entre les mains, entre les orteils, entre les sexes, entre les coeurs, la possibilité d'assimiler la moitié du moyen de vous attacher l'un à l'autre, pour longtemps. La possibilité, parce que la recettte, ce n'est pas tout. C'est à vous, personnellement, de composer la sauce, et c'est vraiment la sauce qui fait le plat !

Masculin singulier, féminin pluriel

Ah, juste un dernier mot. Débarrassez-vous, une fois pour toutes, de ce stéréotype : les hommes sont coureurs et les femmes ne savent pas ce qu'elles veulent. Parce que c'est vrai.

Mais si vous ne dépassez pas ce cliché, vous ne pourrez jamais vivre pleinement une relation. Les hommes ne courent pas forcément pour la chose (même si la nature les a voulus ainsi et dotés en conséquence). D'une façon générale, ils recherchent désespérément la mer primitive dans laquelle ils baignaient tranquillement, le sein maternel. C'est là qu'ils ont connu la seule union amoureusement charnelle qui soit véritable et profonde. Souvenez-vous, lors du coït, ils butent sur le museau de tanche. Impossible d'aller au-delà. Cité interdite ! Comme ils aimeraient refaire le chemin à l'envers et retrouver la douceur du nid.

Pour les femmes, c'est totalement différent. Elles ont hérité directement de leur mère ce sanctuaire de la fécondation. Leur prince charmant n'est pas là. Il est dans le ciel, parmi les étoiles. Un je ne sais quoi de divin, qu'elles recherchent obstinément et qu'aucun homme ne pourra vraiment leur donner. Parce qu'elles sont la vie même, soumises, comme les saisons, aux mêmes lois qui veulent que tournent les galaxies.

Dans ces conditions, comment voulez-vous que l'homme et la femme se trouvent réellement. Ils ne sont pas au même niveau. Masculin singulier, féminin pluriel. C'est bien la femme qui l'emporte sur l'homme, et qui l'emportera toujours.

L'incertitude, prix douloureux de l'amour

Et puis, surtout, il faut faire la part du jeu et de l'amour. La femme se fait belle, d'abord pour elle-même, ensuite pour plaire. Et pas seulement à vous, Monsieur, elle veut plaire à tous.

De leur côté, les hommes ne sauraient rester insensibles à une parcelle de féminité, aussi infime soit-elle, qui ondule, déambule, chaloupe, trotte... Des deux côtés s'instaure une sorte de reconnaissance, de complicité, de défi aussi.

Comme un ange qui passe. On va parfois jusqu'à pousser les choses à l'extrême limite. On va jusqu'à jouer avec le feu. Mais, c'est la vie. Et, c'est le risque, c'est la mort, qui donne à la vie son prix. Et c'est l'incertitude qui donne à l'amour son poids. Il est dit quelque part que, chaque jour, l'on nait et l'on meurt à quelque chose. Il faut savoir l'accepter. Même quand ça fait boum dans les sentiments. La vie est un éternel recommencement.

Le mâle de la libellule (rappelez-vous Rémy de Gourmont), ne se pose pas de questions, lui. Il sait ce qu'il doit faire et le fait, méticuleusement. La femelle se plie avec grâce à ses volontés, parce qu'elle le veut bien. Et il sait attendre, avec une élégance, une nonchalance feinte, qu'elle se donne. Puis il la saisit mais reste encore très correct, presque indifférent même. Et longtemps, bête à quatre paires d'ailes, ils voltigent ainsi, au-dessus de l'eau, se posent parfois, grignotent un instant, repartent, comme s'il était nécessaire de conserver longtemps en eux l'idée de l'amour avant de l'accomplir.

Un peu comme un défi à la grisaille des jours.

Aboulie
Incapacité maladive d'agir, de passer à l'action. Placé dans une situation de désir amoureux, le sujet aboulique reste en quelque sorte muet et paralysé. Il n'ose pas passer à l'acte.

Acte manqué
Omission, oubli, méprise, malentendu, le fait aussi d'employer un mot pour un autre (lapsus linguae), révélateurs d'une intention cachée. Merci, Monsieur Freud !

Acquis (sexe)
Tout homme, toute femme, seraient dotés psychiquement d'un sexe inné et d'un sexe acquis. Le sexe inné, nous en sommes pourvus dès la naissance. Le sexe acquis nous est donné par l'apprentissage et l'environnement. C'est de là que pourraient provenir certaines anomalies du comportement, voire certaines déviations, quand il y a opposition entre les deux. Par exemple, une petite fille éduquée par ses parents comme un garçon.

>>>**page 22**

Acte sexuel
L'acte sexuel, c'est exclusivement la copulation (c'est-à-dire l'accouplement pur et simple, ou coït), poursuivie jusqu'à l'assouvissement du plaisir. Dans l'espèce humaine, c'est le va-et-vient du pénis de l'homme introduit dans le vagin de la femme qui, par un processus éjaculatoire, finit par propulser le sperme en direction de l'ovule.
Le philosophe Charles Fourier, promoteur du Fouriérisme, doctrine sociale du travail dans la joie, n'hésite pas à étendre la sexualité au globe terrestre lui-même :
«Une planète, écrit-il dans Le Phalanstère, paru après sa mort en 1848, est un corps androgyne, pourvu des deux sexes et fonctionnant en masculin par les copulations du pôle nord, et en féminin par celles du pôle sud.» C'est bien entendu à titre anecdotique que nous livrons au lecteur cette citation.

Adam et Eve
Edgar Cayce, visionnaire universellement connu, certainement le plus grand de tous les temps, et qui énonçait ses prophéties dans un état d'auto-hypnose, prétend quant à lui qu'un certain Amilius est descendu sur terre et s'est enrobé de matière, devenant ainsi Adam, le premier homme de la race parfaite. Eve fut ensuite créée pour lui servir de compagne idéale.

Adolescence
«L'adolescence est le seul temps où l'on ait appris quelque chose», prétend Marcel Proust. C'est effectivement une étape fondamentale pour l'être humain. Elle s'étend de la puberté jusqu'à l'âge adulte, soit de douze/treize ans à dix-neuf/vingt ans. Marqué par le développement brutal de ses fonctions biologiques, tourmenté par des contradictions, l'adolescent(e) traverse une période à la fois angoissante et enrichissante. Le sexe et tout ce qui s'y rattache le travaille, l'étonne, l'enthousiasme, le déstabilise et l'attriste tout à la fois. Cette exacerbation de l'instinct sexuel provoque des troubles du comportement.

Affect
Créé par analogie avec concept, perfect, ce mot nouveau permet de lever l'ambiguïté du mot affection. Affect désigne l'état affectif du sujet tout de suite après qu'il ait perçu une sensation.
Si celle-ci est agréable, il cherchera à la multiplier et à en augmenter l'intensité ; si elle pique son intérêt, il dirigera sur elle toute son attention ; si elle est au contraire désagréable, il développera une réaction de rejet.

Affectif
Dénomme le climat intérieur du sujet tel qu'il est déterminé par ses affects. Qualifie également ce qui se rapporte au sentiment.

Affectivité
C'est pour le sujet comme un trait d'union entre ses affects et le milieu extérieur. L'affectivité englobe les émotions, la sensibilité, les sentiments, les passions.

>>>voir affect
>>>voir affectif

Agressivité
Suivant certaines conceptions, positive et consciente, l'agressivité serait développée par l'instinct vital et serait dans ce cas constructive et démontrerait une indispensable affirmation de soi, trait commun à tous les êtres vivants.
Inconsciente, elle dériverait de l'instinct de mort et inclinerait à la destruction de soi-même et des autres. Le voisinage dans le cerveau, plus exactement dans l'hypothalamus, des centres nerveux de l'agressivité et des centres nerveux sexuels, au point qu'on pourrait les confondre, permettent de supposer qu'il y a dans l'acte sexuel une charge d'agressivité. C'est une théorie défendue par le Docteur Tordjman, médecin sexologue français, dont la renommée a largement dépassé nos frontières. Le fait que la testostérone, homone mâle et hormone du désir, est aussi un stimulant de l'agressivité, donne du poids à ses conclusions.

Amour
L'amour est cet élan du coeur que l'homme éprouve pour la femme aimée et vice-versa. Ce sentiment

prend source dans l'attraction réciproque des sexes. Philosophiquement, l'amour est un moteur plus ou moins puissant qui fait sortir l'homme ou la femme des limites étroites de la personnalité et les entraîne vers autrui.
L'authenticité des cours d'amour, ces tribunaux des XIIème et XIIIème siècles soi-disant composés d'illustres dames et destinés à régler toutes les questions de galanterie, est discutée. Autant dire qu'Aliénor d'Aquitaine n'a jamais existé...
«Faire l'amour» ne se limite pas à l'acte sexuel proprement dit, le coït, l'expression inclut également le prologue (ou les préludes) et l'épilogue (ou les postludes).

> > >**page 18**

Anal (stade)
Trois stades, définis par Freud, accompagnent le développement de l'enfant. Tout d'abord, le stade oral. A la naissance, la première perception, c'est le sein de la mère. Par la succion, le nourrisson obtient deux satisfactions, l'une est alimentaire, l'autre sexuelle. Celle-ci provient de la libido qui est en lui, diffuse mais bien présente et agissante. Vient ensuite le stade anal, quand on impose à l'enfant d'être propre, et donc de contrôler ses sphincters. Il découvre très vite que cette manoeuvre lui permet d'obtenir un certain plaisir. Il s'intéresse alors et tout naturellement aux organes en situation de proximité : les génitaux; c'est la troisième et dernière phase, génitale celle-là.

> > >**page 100**

Androgyne
Vient du grec. Littéralement, homme-femme. Se dit notamment des plantes dotées des deux organes, mâle et femelle. L'androgyne est un mythe qui hante le coeur de l'humanité depuis la plus haute Antiquité. C'est ainsi que la mythologie grecque avait imaginé un être humain ainsi pourvu des deux sexes. Platon a décrit cette race particulière dans «Le Banquet» de la façon suivante : deux corps, les épaules soudées sur un côté, quatre bras, quatre jambes, et une seule tête avec deux visages. Les androgynes ayant décidé d'escalader le mont Olympe, séjour traditionnel des dieux, pour en prendre possession, Zeus, le «patron», décida, pour les punir, de les couper carrément en deux, ceci afin de les affaiblir. Effectivement, depuis ce premier forfait «à la tronçonneuse», chaque moitié court après l'autre !
L'androgynie est une malformation relativement rare chez un sujet de sexe mâle, accompagnée d'une certaine féminité dans le comportement.

Angoisse, Anxiété
L'angoisse est un état qui se superpose à l'anxiété. C'est une inquiétude délayée dans l'organisme, sans qu'il soit possible d'en préci-

ser exactement la teneur ou l'origine. Cet état pénible d'oppression se traduit également par des troubles neuro-végétatifs, tels que étouffement, accélération du pouls, sécheresse de la bouche, transpiration, spasmes, contractions musculaires, vertiges parfois, etc.
La «poire d'angoisse» est un supplice du XVIème siècle qui consistait à introduire dans la bouche du «patient» un bâillon de fer, lequel s'ouvrait dès qu'on en libérait le mécanisme. Essayez avec un fruit, vous verrez, l'angoisse, c'est un peu ça... Mais dites-vous bien, Mesdames, que le pénis ne saurait être une poire d'angoisse. C'est pas vraiment fait pour ça (voir page 142).
L'anxiété, elle, est de nature plus psychique que somatique (qui concerne le corps). Dans le langage courant, l'angoisse désigne un état physique, l'anxiété un trouble intérieur. Angoisse, anxiété se retrouvent à tous les carrefours des problèmres sexuels.

>>>**page 30**

Angoisse de castration
C'est celle du petit garçon rongé par l'idée qu'on pourrait le punir en lui coupant le «zizi» (la castration correspond en fait à l'ablation des glandes génitales) et qui le tourmentera toute sa vie durant.
Cette peur s'accentue quand il découvre que sa mère en est dépourvue. Il s'imagine alors qu'elle a été punie par son père, parce que, lui, petit garçon, ressent pour elle un désir incestueux.
Cette angoisse comporte cependant un aspect positif dans la mesure où elle permet à l'enfant de renoncer à la mère pour s'identifier au père. Dans son aspect négatif, l'angoisse de castration est à l'origine de tous les troubles sexuels masculins. Elle peut incliner le garçon à l'homosexualité, frapper la fille de frigidité.

>>>**page 30**

Aphrodisiaques
Ce mot trouve naturellement sa source dans la Vénus grecque, Aphrodite. Il désigne les substances alimentaires ou médicamenteuses propres à stimuler l'appétit sexuel.

>>>**page 89**

Attouchements
Les attouchements sont des stimulations tactiles du corps du partenaire, sous la forme de caresses, d'étreintes, de baisers, de massages, de morsures, appliqués sur les zones érogènes et les organes génitaux.
Au-dessus de la ceinture, c'est du «pelotage» (aux U.S.A. «necking»). En-dessous, les corps étant nus, c'est ce qu'on désigne outre-Atlantique par le mot «petting», soit une sorte de flirt poussé à l'extrême, sans aller jusqu'à l'orgasme.
Le «petting» est médicalement déconseillé. La rétention des sécré-

tions glandulaires peut provoquer chez l'homme des affections chroniques de la prostate et des vésicules séminales, chez la femme des affections pelviennes.

>>>page 113

Auto-érotisme
L'enfant de trois ans qui découvre la masturbation s'adonne à une pratique auto-érotique sans danger. Il se prend pour un objet d'amour. Si cette pratique persiste au-delà de l'adolescence de façon exagérée, et si le sujet ne peut atteindre l'orgasme autrement, ce penchant devient une déviation.

>>>page 99

Auto-excitation
Par rapport à l'auto-érotisme, l'auto-excitation, ou auto-stimulation, n'est qu'un prélude à une relation normale. Elle peut mettre en condition l'un des partenaires, froid au départ, qui reporte ensuite toute son énergie sur l'autre sexe. L'auto-excitation s'obtient en se concentrant sur des stimuli excitants. Elle s'obtient aussi en stimulant son partenaire.

Baiser
Le baiser n'est pas seulement une caresse intime. Il fut à travers l'histoire un témoignage d'estime aussi bien public que privé. Dans le droit féodal, après avoir reçu l'hommage de son vassal, le Seigneur le fait relever, l'embrasse sur la bouche et déclare le recevoir pour son homme. Dans toute l'Antiquité, poser sa bouche sur un visage était une manière de saluer très commune. Au XVIIème siècle, l'usage autorisait les femmes à recevoir un baiser de la part de ceux qui tiraient leur révérence. Citons enfin, dans le rite catholique, le baiser de paix que l'on donne ou reçoit en témoignage de réconciliation.

>>>page 104

Bartholin (glandes de)
Ces deux petites glandes, situées de part et d'autre de l'entrée du vagin, produisent un lubrifiant épais et clair. Médecin, anatomiste, auteur de nombreux ouvrages spécifiques, Thomas Bartholin (1616/1680) leur a laissé son nom.

>>>page 84

Bassin (mouvements du)

>>>page 124

Bassin (petit)
Os du sacrum, os du coccys et os iliaques forment l'ossature de la partie inférieure dú bassin ou petit bassin. Il réside dans cette zone tout un ensemble musculaire, qui chez la femme enserre l'orifice vaginal et joue un grand rôle lors de l'intromission du pénis, ainsi que pendant et aprés le coït proprement dit.

Bestialité
Ce peut être l'accouplement de

l'homme ou de la femme avec un animal. C'est aussi tout plaisir sexuel que peut retirer un être humain de quelque contact que ce soit avec un animal. La barrière entre la déviation et la normalité n'est pas toujours très nette. Il est fréquent de voir des personnes seules reporter sur leur chat ou leur chien toute l'affection qu'elles ne peuvent témoigner à un être humain, sans pour autant avoir des relations charnelles. Il y a cependant une charge sexuelle inconsciente dans ce transfert affectif. Bien entendu, ceci n'est pas une déviation. Il arrive aussi à certains êtres humains esseulés de céder dans un moment de faiblesse à une pulsion passagère. Ce genre d'exutoire n'est pas non plus une perversion. La déviation devient flagrante quand la tendance pernicieuse se fait exclusive.

Bible

Du grec biblia, les livres. Composée de l'Ancien Testament (tradition judaïque) et du Nouveau Testament, rédigé après Jésus-Christ, la bible est unique au monde, de par l'origine, de par l'ancienneté de ses écrits, comme de par la diversité de ses auteurs qui s'inscrivent tous dans la même inspiration de pensée. La chrétienté considère que l'Esprit Saint est à la source de ces livres sacrés.

Le Coran, livre saint de la religion musulmane, est beaucoup plus récent puisqu'il fut révélé, suivant la tradition, par Dieu lui-même à Mahomet.

A la mort du Prophète, en 632, le Coran fut mis par écrit. Du fait de versions différentes, des dissensions naquirent. Mahomet n'a jamais prétendu instaurer une nouvelle religion, l'Islam, mais restaurer celle que Dieu avait toujours enseignée aux prophètes, y compris Jésus.

>>>**page 53**

Bisexuels

Ce terme désigne surtout aujourd'hui la double attirance ressentie pour l'un ou l'autre sexe.

Bouche

La bouche est une cavité beaucoup plus sexuelle qu'on ne le pense. Celle du nouveau-né, dès les premiers jours, s'érotise au contact du sein maternel.

>>>**page 109**

Bourses

Terme impropre que le commun des mortels applique souvent aux testicules et au sac qui les enveloppe, le scrotum.

>>>**page 79**

Cadence du coït

>>>**page 124**

Canal déférent

Canal de la sécrétion externe du testicule. Ce petit pipe-line de vie

(l'homme en a deux, bien évidemment) s'échappe de l'épididyme, la nursery où sont élevés les bébés-spermatozoïdes, située contre le testicule.
Il remonte vers l'abdomen à travers le canal inguinal, puis dans une large courbe descendante il rejoint la prostate. C'est là que les spermatozoïdes s'égayent dans le sperme, dont les composants proviennent à la fois de la prostate, des vésicules séminales et des glandes de Cowper.

>>>page 79

Canaux de Wolff et de Muller
>>>page 85

Canaux séminifères
>>>page 79

Candidoses génitales
>>>page 61

Caresses >>>page 111

Castration (angoisse de)
Ablation des testicules ou des ovaires. Le complexe de castration dépasse de loin cette opération chirurgicale. Plus que la peur du petit garçon de se voir privé de ses organes génitaux, c'est en psychanalyse un penchant émotionnel pouvant amener le sujet à une névrose, ainsi qu'à l'homosexualité chez les garçons et à la frigidité chez les filles.

>>>page 30

Célibat
La coutume fiscale de frapper plus durement le célibataire, surtout en période de décroissance de la natalité, ne date pas d'aujourd'hui. A Rome, sous le règne d'Auguste, le droit d'hériter d'un célibataire ainsi que des personnes mariées sans enfant, fut réduit de moitié, afin d'inciter le bon peuple à se marier et à procréer.

>>>page 41

Cerveau
Tout comme l'habit ne fait pas le moine, et tout comme le gros pénis ne fait pas forcément le meilleur coït, le poids du cerveau n'a pas obligatoirement de rapport avec l'intelligence, dans la mesure où nous ne savons pas utiliser la capacité totale de notre matière grise. Là encore, il faut se défier des apparences puisque le cerveau masculin est plus lourd que le cerveau féminin. Lourd est bien le mot, sans doute !
Si l'on tient compte des statistiques, Marylin Monroe était dotée d'un cerveau (moyen) masculin, à 28 grammes près ! Et il manquait 208 grammes à Léon Gambetta pour rivaliser avec les possibilités féminines. Comme quoi, tout est vraiment relatif.
Soyez gentils, Messieurs, ne demandez à votre partenaire ni son âge ni le poids de son cerveau. Ca vaut mieux pour vous !

>>>page 76

Chancre mou (chancrelle)
>>>page 63

Chasteté >>>page 41

Chlamydiose >>>page 60

Chromosomes
Chacune de nos cellules comporte en son noyau 46 chromosomes, porteurs des gènes de l'hérédité. Au moment de la fécondation d'un ovule par un spermatozoïde, les 23 chromosomes du spermatozoïde s'unissent aux 23 chromosomes de l'ovule pour constituer le noyau d'une nouvelle cellule humaine, ainsi dotée d'une garniture complète de 23 paires de chromosomes.
Débute alors le processus classique de la division cellulaire.

Clitoris
La pratique de l'excision (ablation partielle ou totale du clitoris, parfois des petites et grandes lèvres qui sont alors suturées (infibulation), qui se développe dans les pays arabes et en Afrique, n'est imposée ni par une législation quelconque ni par la religion. Il s'agit là d'us et coutumes barbares, prétenduement morales, sociales, voire hygiéniques et esthétiques. Les effets sont considérablement néfastes et parfois mortels.
>>>page 83

Coït >>>page 124

Complexe d'Oedipe
Le complexe d'Oedipe, tel qu'il a été défini par Freud, débute pour le petit garçon avec la vie même, dans le sein maternel. Progressivement l'enfant mâle s'attache amoureusement à sa mère, tout en éprouvant une hostilité latente à l'égard de son père, qui peut aller jusqu'à un désir de mort. Par la suite, à partir de l'âge de trois ans, ce désir incestueux est refoulé dans l'inconscient. Le petit garçon commence à admirer son père et à vouloir l'imiter. C'est la phase d'identification qui s'achève vers l'âge de cinq ans, quand s'amorce la phase de latence, laquelle aboutit, à l'âge adulte, à l'amour du sexe opposé, dans lequel le sujet mâle cherche sans le savoir une consolation à ce premier amour éperdu, merveilleux, mais malheureux, et qu'il ne retrouvera jamais. Ceci est l'oedipe positif. Le négatif, c'est le petit garçon amoureux de son père et opposé à sa mère.
Un sujet adulte qui souffre du complexe d'Oedipe n'a pas résolu en fait la ligne de partage entre son père et sa mère, ce qui se traduit par différents troubles sexuels. Chez la fille, l'oedipe se manifeste par un attachement excessif au père.

Corps féminin
L'esthétique du corps féminin a évolué à travers les siècles suivant les canons de la beauté ambiante,

canons imposés par les hommes, puisque ce sont eux les grands couturiers et qu'à grands coups de ciseaux, mode après mode, ils vous modèlent une silhouette dans le vent de l'époque.Du front bombé des vierges du Moyen Age aux garçonnes plates d'avant-guerre, des grands-mères bien dodues de la Belle Epoque... à certains terrains vagues d'aujourd'hui (l'utilisation permanente et inconsidérée du jean y est pour quelque chose), il est sûr que le psychisme féminin agit, ou tente d'agir (c'est selon la personnalité) sur le physique.
Une femme qui a décidé de ne pas vieillir reste jeune toute sa vie. Si les rides de l'âge apparaissent, elle les embellit, et pas seulement avec des artifices. C'est une question de rayonnement intérieur. Ce que Femme veut, Dieu le veut.

>>>page 28

Corps spongieux >>> page 77

Cowper (glandes de)
>>>page 79

Crêtes de coq >>>page 64

Culpabilité
Sentiment obscur, souvent sans motif apparent, d'être en faute, qui peut pousser jusqu'à l'auto-destruction. Freud prétend que cet état dépressif latent existe en tout être. Il prendrait racine dans l'oedipe et dans des expériences de la petite enfance. Il pèse sur notre inconscient à tel point que, pour s'en libérer, celui-ci peut soudain nous amener à nous auto-punir, en commettant par exemple un acte contraire à nos intérêts.

>>>page 55

Cunnilingus >>>page 120

Cuissage
Droit de cuissage, droit de jambage... Ah, la féodalité ! Eh bien, tant pis pour nos fantasmes, aujourd'hui, les érudits ont plutôt tendance à contester la réalité de ces coutumes quelque peu outrancières.
Une théorie prétend que le mot cuissage est une déformation du mot quitage. Pour que sa fille puisse se marier dans un autre fief, le serf devait dédommager son seigneur, lequel, en attendant ses trois sous tenait par la main la promise. Une fois le droit réglé, la jeune fille était restituée au père qui la remettait lui-même au marié.
Il est permis de penser cependant que certains seigneurs ont été tentés parfois d'outrepasser leurs droits. Surtout si la fille était mignonnette.
C'est humain, non ?

>>>page 87

Cycle menstruel >>>page 81

Décor
>>>page 71

Désir

>>>page 49

Divorce

En France, c'est la femme qui demande le divorce plus souvent que l'homme. A l'origine de plus de 60 % des demandes de divorce (hommes ou femmes) des sévices, des excès, des insultes. L'homme et la femme se partagent à peu près équitablement pour ce qui concerne le motif d'adultère, aux alentours de 17 % des demandes. 1 % seulement des tentatives de conciliation aboutissent.

«Des noeuds indissolubles m'ont toujours paru contraires non seulement au bonheur, mais à la nature humaine, écrit le philosophe et historien Sénac de Meilhan (1736-1803) et la faculté du divorce peut seule les rendre supportables.»

Ce à quoi réplique, en 1900, Alfred Capus, dans sa pièce Les Maris de Léontine, acte III, scène 9 (Fasquelle) :

«Ah ! On parle des liens du mariage ! Mais les liens du divorce sont encore plus indissolubles !» Comme il a raison !

Draguer

Mot d'argot passé dans le langage courant qui signifie déambuler dans le but de trouver une aventure galante ; par extension aborder une jeune fille ou une jeune femme dans le but de nouer des relations bien précises. Exemple : «Ce type me drague». La langue courante ne donne pas dans le détail, ni la nuance. Ce verbe veut dire tout à la fois baratiner, conter fleurette, courir les filles, courtiser, faire du charme, faire la cour, faire les yeux doux, soupirer, séduire. Draguer est un art consommé chez le mâle de la libellule.

Ejaculation >>>page 124

Ejaculation précoce

>>> page 133

Ejaculation tardive

>>>page 133

Epididyme >>>page 79

Epididymite >>>page 61

Erection >>>page 124

Erogènes (zones)

>>>page 111

Erotisme

A la fois amour sensuel et inclination pour les choses du sexe, l'érotisme, c'est cependant le stade supérieur de la pornographie et son raffinement.

La satisfaction charnelle s'accomplit, non sans une certaine élévation de pensée et de poésie.

>>>voir aussi pornographie

Fallope (trompes) >>> page 81

Fantasmes >>>p. 73, 94, 103

Fécondation >>>page 82

Fellation >>>page 121

Femmes (au foyer)
La femme au foyer, sur la base d'une famille de quatre personnes, travaille au minimum 318 heures par mois, en cuisine, ménage, soins de santé et d'hygiène, couture, gestion du budget familial et divers, ce qui représente l'équivalent d'un salaire net d'environ 8000 F, sur la base du taux horaire du SMIC. A cela s'ajoutent les courses, les transports, les visites médicales, les formalités administratives, etc, ce qui peut faire monter l'addition jusqu'à 500 heures. Est exclu de ce total le temps nécessaire à l'accomplissement du devoir conjugal...

Femmes (au travail)
Dans le monde du travail, 61,40 % des femmes sont ouvrières ou employées ; 6,9 % artisans, commerçants, chefs d'entreprise (14.860 entreprises ont été créées par des femmes en 1986) ; 6,6 % sont agricultrices ; 5,6 % ont accédé aux professions intellectuelles, cadres. Le reste, 19,5 %, se situe dans les secteurs intermédiaires (enseignement, social, santé, administratif, commercial).
A noter que le salaire moyen masculin est supérieur de plus de 70 % au salaire féminin.

Femmes (à travers le monde)
Les femmes correspondent à la moitié de la population mondiale (adulte) et au tiers de la main-d'oeuvre déclarée. Elles effectuent près des deux tiers des heures de travail déclaré, ne perçoivent que le dixième du revenu mondial et ne jouissent en propriété personnelle que de 1 % de la propriété mondiale. Des chiffres à méditer.

Femmes (célibataires)
Messieurs, qui recherchez désespérément l'âme soeur, sachez qu'il y a en France environ 10 millions de femmes seules (ce qui ne veut pas dire qu'elles n'ont pas un petit ami !) dont plus de 3 millions de veuves, qui ne demandent peut-être qu'à être consolées. Si vous préférez les divorcées, elles sont près d'un million. Le reste, plus de 5 millions, ce sont les vieilles filles. Ne vous fiez pas au côté péjoratif de l'expression. Vous risquez d'avoir des surprises. Alors, les esseulés, cherchez bien, et vous trouverez !
>>>page 42

Femmes (chaudes)
>>>pages 112, 119

Fétichisme
Le fétichiste focalise son désir sexuel sur certaines parties du corps de sa partenaire (les mains par exemple) ou sur certains objets ou certaines matières, notamment le

cuir. Ce n'est pas un fantasme bien méchant.

Flagellation
Perversion sadique ou masochiste qui pousse certains névrosés, souvent sujets ou menacés d'impuissance, à se faire fouetter ou à s'infliger eux-mêmes cette punition. Aujourd'hui, cette pratique est admise quand elle est mollement accomplie dans une disposition de fantasme sexuel. C'est aussi le cas de la fessée administrée délicatement sur un postérieur féminin.

Follicules
Situés dans l'ovaire, les follicules sécrétent la folliculine, hormone féminine communément désignée aujourd'hui par le terme : estrogène.

Fréquence du coït
>>>page 131

Freud
Médecin viennois né en Moravie en 1856, mort à Londres en 1939, où il s'était réfugié par suite de l'instauration du nazisme, Sigmund Freud est le père de la psychanalyse. Ses théories s'appuient sur l'idée maîtresse du refoulement des tendances, parmi lesquelles l'appétit sexuel occupe une place de choix. Refoulées dans notre inconscient par tous les interdits qui nous entourent, ces tendances ne sont pas supprimées pour autant. Elles subsistent dans notre insconcient d'où elles ressortent à travers les actes manqués, les lapsus, les rêves, les névroses. Freud s'est également intéressé de très près à la sexualité infantile.
>>>page 22

Frigidité
S'applique à la femme qui ne ressent pas de plaisir sexuel.
Les deux causes essentielles : des inhibitions provenant de l'enfance, notamment, et une méconnaissance totale du processus du plaisir féminin.

Frustration
Etat d'insatisfaction et d'abandon moral éprouvé par un sujet ayant eu longtemps le sentiment d'être privé de sa «part» d'amour, d'attention, de soins.
>>>page 31

Gardnerellose >>>page 64

Génétique
Science de l'hérédité fondée sur la théorie des gènes.

Génitale (phase)
>>>voir Anale (phase)

Gland >>>page 77

Godemiché >>>page 86

Gonades >>>page 79

Gonococcie >>>page 59

Gourmont (Rémy de)
Ecrivain et philosophe français (1858-1915). La hardiesse de sa pensée, son originalité, son esprit critique et pénétrant ont nui pendant longtemps à sa renommée, amplement justifiée.
>>>page 16

Grandes lèvres >>>page 82

Haine
C'est l'opposé de l'amour et l'on dit bien souvent qu'entre les deux il n'y a qu'un pas. Il est vrai que les extrêmes se rejoignent toujours.
La haine est une passion qui entraîne à désirer le malheur de quelqu'un, qui incline à faire du mal. C'est un sentiment violent d'aversion, d'antipathie et de malveillance. Comme l'amour, bien souvent la haine est aveugle et inexplicable.
La circulation peut se faire dans les deux sens : on peut haïr ce que l'on a aimé, aimer ce que l'on a haï.
Ne jamais dire : «Fontaine...»
>>>page 19

Hépatite B >>>page 65

Herpès génital >>>page 62

Homosexuels
Se dit des hommes (ou des femmes) attirés par des personnes du même sexe, bien que normalement constitués au plan génital. Il existe aujourd'hui un mouvement chrétien d'homosexuels. C'est en totale contradiction avec la tradition judéo-chrétienne, dont les représentants furent odieusement répressifs à l'égard de qu'ils considéraient comme une scandaleuse perversion. Autres temps, autres moeurs...

Hymen >>>page 84

Impuissance sexuelle
C'est le pendant masculin de la frigidité. Effectivement, le pénis du sujet atteint de ce trouble est incapable de développer une érection satisfaisante. A cela des causes psychologiques, des blocages, des inhibitions, ou organiques (mauvaise irrigation sanguine par exemple).

Inceste
Union charnelle illicite entre personnes parentes. L'attentat le plus courant est commis par des pères sur la personne de leur fille. La plupart du temps, ces faits ne sont pas dévoilés. 300 cas par an environ sont traités par les autorités judiciaires, ce qui doit représenter un petit 3 % de cette triste réalité.

Inné (sexe)
>>>voir Acquis (sexe)

Interdit
Ce qui est réprouvé et réprimé par la loi, la religion, la morale, les us et

coutumes. L'interdit est un produit collectif qui s'applique à l'individu et à la collectivité.

>>>voir aussi tabou

Intromission >>>page 124

Kaposi (sarcome de)
>>>page 68

Kinsey
Biologiste d'outre-Atlantique friand de statistiques, Alfred Kinsey (1894-1956) a publié un rapport célèbre sur le comportement sexuel des Américains.

Lesbianisme
>>>voir saphisme

Libido
Mot latin signifiant désir, mis en vogue par Freud. Désigne l'instinct sexuel au sens le plus large.

Maladies Sexuellement Transmissibles >>>page 58

Mariage
En France la moyenne de vie d'un mariage se situe aux alentours de douze ans. Depuis 1978, le nombre des mariages enregistrés à l'Etat civil n'a cessé de diminuer. De 354.628 cette année-là, il est descendu, dix ans plus tard, à 271.124. On assiste, depuis 1989 (281.00)0, à ce qu'il est convenu d'appeler en termes de statistiques un léger «frémissement». Il faudra attendre encore un peu pour voir si le mouvement se confirme.

>>>page 21
>>>voir aussi divorce

Masters & Johnson
William et Virginia Masters & Johnson, célèbre couple de sexologues américains, soignent le couple - et non l'individu - en faisant intervenir des thérapeuthes vivant eux-mêmes en couple. Auteurs d'ouvrages capitaux dans le domaine de la sexualité.

Masturbation >>>page 96

Matriarcat
Régime social exceptionnel dans lequel la femme exerce la suprématie et lègue son nom aux enfants

Méat urinaire >>>page 77

Mères célibataires
40 % des mères célibataires ont moins de 30 ans. La société se montre aujourd'hui moins sévère qu'autrefois. Certaines font même ce choix délibérément, par esprit d'indépendance. Notre large ouverture d'esprit ne saurait nous empêcher de souligner qu'un enfant, pour s'épanouir, a besoin d'un père et d'une mère.

Mont de Vénus >>>page 118

Mycoplasmes >>>page 61

Onanisme >>>page 97

Orale (phase)
>>>voir Anale (phase)

Organes génitaux féminins
>>> page 80

Organes génitaux masculins
>>>page 75

Orgasme >>>page 124

Origines (de l'homme)
Il existe plusieurs théories modernes sur les origines du cosmos et de l'homme. La plus couramment admise est celle de la cosmogonie : un big-bang initial qui, à partir d'une énorme boule primitive, aurait répandu la matière dans l'univers. Sur la terre, dans la mer primitive, voici près de quatre milliards d'années, serait apparue la première cellule organique, d'où serait partie toute l'évolution, depuis les premiers vertébrés (uniquement marins) jusqu'à l'homme d'aujourd'hui.
Le visionnaire américain Edgar Cayce, mort en 1945, a laissé en héritage 14.246 lectures recueillies en état d'auto-hypnose presque tous les jours pendant 42 ans. Pas très cultivé, lisant peu, Edgar Cayce a stupéfié et stupéfie encore, après avoir livré au monde des informations précises et détaillées sur les sujets les plus divers. Pour Cayce, l'homme est un être spirituel. D'après lui, l'immense continent atlante a véritablement sombré. les survivants se sont réincarnés aujourd'hui. Ils sont parmi nous et Cayce a pu rentrer en contact avec eux. Et il lance aux gouvernants contemporains cet avertissement : notre civilisation connaîtra le même sort que l'Atlandide si nous persistons sur la voie de la violence.

Ovaires >>>page 81

Ovulation >>>page 81

Ovule >>>page 81

Parthénogenèse
>>>page 15

Pénétrations >>>page 124

Pénis >>>page 77

Petites lèvres >>>page 83

Phallus
Représentation du membre viril que l'on promenait jadis en procession, en Egypte, lors des fêtes d'Osiris, en Grèce, lors des fêtes de Dyonisos, etc.

Point G >>>page 124

Polygamie
La bible et la coutume antique ne la proscrivaient pas. Le Judaïsme l'a prohibée à partir du XIème siècle. En Islam, quatre épouses légitimes

étaient autorisées (à condition que le mari ne craigne pas de se montrer injuste envers l'une ou l'autre), ainsi qu'un nombre illimité d'esclaves-concubines... Une fantaisie réservée à ceux qui en avaient les moyens, bien sûr. L'Islam contemporain autorise la polygamie, mais à titre exceptionnel. La femme dispose d'ailleurs du droit de faire mentionner sur l'acte de mariage que son mari restera monogame.

Pornographie
A l'origine traité sur la prostitution, la pornographie est devenue l'immoralité et l'obscénité faite oeuvre, qu'il s'agisse de livres, de revues-films, de cassettes vidéo.
En France, une actrice de film pornographique perçoit entre 1500 et 2500 F par jour. Le cinéma pornographique a fait l'objet de mesures restrictives notables, notamment sur le plan de la fiscalité.

Positions >>>page 130

Prépuce >>>page 77

Préservatifs
Contre le sida, le préservatif est encore à l'heure actuelle ce qu'il est convenu d'appeler le meilleur palliatif, donc le meilleur remède mais d'une efficacité incomplète, puisque sur 41 marques testées (50 millions de consommateurs), 23 se sont révélées non fiables.

Prêtres
Le célibat imposé aux prêtres catholiques ne relève pas d'un dogme particulier. C'est une affaire de discipline. Pendant les premiers siècles du christianisme, les prêtres étaient mariés ou célibataires à volonté. L'apôtre Pierre, qui fut le premier pape, était lui-même marié. Saint Grégoire de Nazianze, l'aîné d'une famille de dix enfants, vint au monde l'année même où son père fut fait évêque ! Il y a environ 80.000 prêtres (ou ex-prêtres mariés) dans le monde. Parmi les sanctions éventuellement prises à l'égard du prêtre qui se marie, et conserve cependant le lien au Christ : la privation du droit d'exercer ses fonctions sacerdotales. Il peut aussi être frappé d'interdit personnel. Il ne peut plus célébrer l'eucharistie pour lui seul. Le prêtre désireux de se marier peut également demander le retour pur et simple à l'état laïc.

>>>page 42
>>>voir aussi page 54

Priapisme
Vient de Priape, le dieu de la fécondité.
Erection persistante et douloureuse, provoquée soit par empoisonnement (la cantharide), soit par une infection des voies urinaires, soit par certaines maladies nerveuses.

Prostate >>>page 79

Prostitution

Sur 30.000 professionnelles, plus de 90 % sont exploitées dans tous les sens du terme par des professionnels, soit des proxénètes. 60.000 occasionnelles échappent cependant à ces employeurs quelque peu particuliers, sans compter les 200 qui parviennent bon an mal an à se tirer des griffes du milieu. Cette activité non négligeable de notre économie représente en gros plus de 10 milliards de francs annuels.

Un homme sur dix a copulé pour la première fois de sa vie avec l'une de ces machines à sous ambulantes, ce qui justifierait que la chose fut accomplie dans les meilleures conditions qui soient.

D'après la police , il y aurait 45.000 transactions par jour.

Cela dit, il ne faudrait pas accuser ces braves filles de tous les maux de la terre, puisque sur 867 cas de syphilis, par exemple, 98 sont imputables à ces dames, 579 aux rapports libres, et 190 aux rapports conjugaux.

Faites vos jeux !

>>>**page 56**

Règles >>>**page 82**

Relations extra-conjugales >>>**page 145**

Rêves érotiques >>>**page 103**

Sadisme

Pratique perverse qui consiste à trouver du plaisir, sexuel bien entendu, dans la souffrance, physique ou morale du partenaire. Pour exister, le sadisme n'avait pas attendu le marquis de Sade, qui en fit beaucoup moins qu'il n'en raconte dans ses écrits. Le sadisme est devenu un fantasme très à la mode dans certaines couches de la société.

Sado-masochisme

D'après Freud, la tendance de mort est tantôt extérieure, c'est le sadisme ; tantôt intérieure, c'est le masochisme.

Lors de son développement physique et psychique, l'enfant traverse les deux stades, sans qu'ils laissent de traces, apparemment. Mais, dans notre inconscient, il y a un moi culpabilisé et un sur-moi punisseur. Une double tendance excessive aboutit au sado-masochisme.

Salpingite >>>**page 60**

Saphisme

Déviation de l'instinct sexuel aboutissant à l'amour entre femmes, tel qu'il a été attribué à la merveilleuse poétesse grecque Sapho, ou Sappho, grande prêtresse de cette pratique, née au début du VIème siècle avant Jésus-Christ, dans l'île de Lesbos. D'où le synonyme : lesbianisme (lesbiennes). On dit aussi tribadisme (étymologie grecque : frotter).

Scrotum >>>page 79

Sein >>>page 115

Sexe contrôle >>>page 122

Sexologie
Etude des problèmes physiologiques, psychologiques et pathologiques relatifs à la sexualité.

Sexualité
Mot spécialisé avec Freud pour désigner l'ensemble des caractères qui définissent un sexe par rapport à l'autre, la sexualité englobe aujourd'hui tout ce qui concerne le plaisir sexuel.

Sida
Le sida s'est développé en Afrique dès la fin des années cinquante. On suit sa trace ensuite à Haïti, puis aux U.S.A. (où le premier décès est enregistré en 1969), puis en Norvège (3 décès en 1976).
Ce n'est qu'en 1981 que l'épidémie a été révélée au monde. Il y aurait actuellement entre 5 et 10 millions de séropositifs d'un bout à l'autre de la planète. >>>page 65

Sida (hémophiles)
En ce qui concerne la contamination des hémophiles français, le rapport de l'Inspection générale des affaires sociales, qui vient d'être publié au moment où nous achevons ce livre, est accablant. Alors qu'un test américain aurait permis un dépistage plus précoce, le gouvernement a retardé son homologation, pour des raisons qui n'ont pas encore été élucidées. L'association des polytransfusés, qui s'est pourvue en justice entend aller jusqu'au bout en dépit des obstacles et des lenteurs qu'elle rencontre.
Sur les 1200 hémophiles français contaminés par transfusion sanguine (ils sont 3000) 185 sont morts aujourd'hui.

Sida (salive)
A Besançon, les fidèles de l'Eglise Réformée ne communient plus autour d'un calice unique, simplement essuyé par un petit linge. Il y aurait quelques séropositifs dans la communauté. Et bien qu'il soit admis que la salive ne transmet pas la maladie (à 99 % de chances, toutefois), les communiants trempent maintenant un petit morceau de pain dans le calice. Le pasteur du lieu a précisé que le sida n'était pas seul en cause, mais aussi l'herpès, la tuberculose, etc. Voici longtemps que dans l'Eglise catholique on communie également aux deux espèces, pain et vin. On peut s'étonner que pareille mesure n'ait pas été prise plus tôt. Mais il est vrai que la grippe peut s'attraper au bureau de poste, à la banque, ou ailleurs. A quand le scaphandre pour chaque citoyen ?

Siphylis >>>page 62

Smegma >>>pages 77 et 123

Sodomie >>>page 133

Sous-vêtements
La femme en bigoudis, littéralement incarcérée dans une longue chemise de nuit, voilà qui devrait être à jamais proscrit. Au contraire, la femme veillera à enfiler de temps en temps des petites choses coquines, de quoi inspirer à son partenaire une complicité un tantinet démoniaque. Please, soyez sexy.

Spermatogenèse >>>page 78

Spermatozoïdes >>>page 78

Sperme >>>page 79

Stérilité
La stérilité, ou impossibilité de procréer dans l'espèce humaine, est d'origine masculine (sperme infécondant, dépourvu ou ayant trop peu de spermatozoïdes) ou féminine (pas d'ovulation, mauvais état des trompes ou de la muqueuse utérine. La stérilité peut également provenir du couple par suite d'une incompatibilité des sécrétions.

Sublimation
Mécanisme psychique relativement courant qui dévie l'énergie brute instinctive vers des objectifs plus élevés. Ainsi, la création artistique, sous toutes ses formes, est presque toujours le résultat, l'expression d'une sublimation de l'instinct sexuel, de l'instinct de mort, ou autres.

Tabou >>>page 44

Techniques du baiser >>>page 104

Techniques des caresses >>>page 111

Testicules >>>page 79

Transsexuels
Ne pas confondre transsexuel et travesti. . Le transsexuel, pourtant normalement constitué, est cependant incapable de résister au sentiment qu'il appartient au sexe opposé. Dès lors , il concentre toute son énergie pour se faire reconnaître comme tel et obtenir, quand il s'agit d'un homme, une opération castratrice assortie d'injections hormonales qui fera de lui une fausse femme. Le transsexualisme frappe beaucoup plus les hommes que les femmes.

Trichomonase >>>page 64

Urètre >>>page 77

Utérus >>>page 81

Vagin >>>page 83

Vaginisme
C'est une pancarte, Fermé, brandie par les muscles du petit bassin qui par l'effet néfaste d'un spasme interdisent l'entrée du pénis. L'origine, psychologique, se contourne facilement.

Vatican II (les femmes après)
C'est en 1965, dans un texte conciliaire, que l'Eglise catholique s'est quelque peu alignée par rapport à la libération de la femme. Tièdement cependant. En condamnant toute forme de discrimination.
Il reste que le pouvoir dans l'Eglise, le pouvoir de l'ordre, demeure indéfectiblement le domaine réservé des hommes. C'est le numéro 1024 du nouveau code de droit canon qui le précise. Qui plus est, une place très inférieure aux hommes est réservée aux femmes dans le laïcat. Tout juste bonnes à faire le catéchisme ! La fin du pouvoir clérical n'est pas pour demain. Dieu merci, la Vierge Marie rétablit l'équilibre puisque même le pape se prosterne devant son effigie.

Verge
Si vous voulez fantasmer un tant soit peu, Madame ou Monsieur, sachez que le pénis de l'éléphant atteint environ 1 mètre 50, pour un poids de 25 kilos, suivant les individus. Vu sa taille, la puce est la mieux pourvue puisque son appareil fait le quart de sa longueur, ce qui équivaudrait pour un homme d'un mètre 80 à étirer un pénis de 45 cm...

>>>page 77

Vésicules séminales
>>>page 79

Viol
On estime à 35.000 le nombre de viols commis chaque année en France. A peine 10 % d'entre eux font l'objet d'une plainte. A peine 8 % des violeurs sont interpellés par la police, ce qui ne veut pas dire qu'il y a dans ce cas des suites judiciaires, car 88 % des victimes se refusent à parler

Voyeurisme
Déviation qui consiste à prendre son plaisir exclusivement en regardant les autres faire l'amour.

Vulve >>>page 82

> extraits >

Baudelaire Charles,
Les Fleurs du Mal,
pages 18, 72.

Bible (Genèse),
page 13,
(Cantique des Cantiques),
page 53.

Bernard Tristan
Le Captif, page 146.

Brassens Georges,
La religieuse, Editions Tutti,
page 15.

Choisy Maryse,
La guerre des sexes,
Editions Publications Premières,
pages 20, 24, 80, 81, 85.

Clark Lemon.
Cité par le professeur Albert Ellis,
Le guide de la réussite sexuelle,
Editions Robert Langeac,
page 102.

Dorgelès Roland,
Le château des Brouillards,
Albin Michel, page 27.

Freud Sigismond,
L'introduction à la psychanalyse,
page 22.

Giraudoux Jean,
Sodome et Gomorrhe,
copyright
Jean Giraudoux, page 21.

Goldman Jean-Jacques,
Elle a fait son bébé toute seule,
page 14.

Gourmont (de) Rémy,
Physique de l'Amour,
Mercure de France,
pages 16, 28, 93.

Hugo Victor,
Les enterrements civils, page 41.

Huysmans Joris-Karl,
Là-bas, page 75.

Kâma-soutra, page 119.

Labé Louise, Sonnets, page 104.

Lainé Tony, L'Amour en France,
page 30.

Le Forestier Catherine,
Au pays de ton corps, Fontana,
pages 111, 112.

Lindermohr Patrick, J'aime le
strip-tease, Editions Rencontre,
page 29.

Millet Kate,
Sita, Stock, page 124.

Noailles (Comtesse de)
Les innocentes
ou la sagesse des femmes,
Fayard,
page 93.

Nyel R. et Verlor G.
Déshabillez-moi,
Editions Legrand, page 115,
chanson interprétée
par Juliette Gréco.

Ovide, L'Art d'aimer,
pages 116, 119.

Paul (saint),
Première Lettre aux Corinthiens,
page 54.

Pisan (de) Christine,
La cité des Dames, page 96

Platon, Le Banquet, p. 30, 49.

Proust Marcel, La prisonnière,
page 49

Ronsard (de) Pierre,
Sonnets pour Hélène,
p. 104, 117.

Perret Pierre,
Celui d'Alice, Adèle,
pages 118.

Rougemont (de) Denis,
Le mythe de Tristan, Plon,
page 44.

Rousseau Jean-Jacques
Les Confessions,
Livre VIII, 1ère partie,
page 144

Swerdloff Peter,
L'homme et la femme, Time-Life,
page 21.

Taine Hippolyte,
Vie et opinions
de Frédéric-Thomas Graindorge,
page 51.

Villon François,
Ballade du concours de Blois,
page 28.

> chapitres >

> à lire >

- Comment faire l'amour à une femme, Michael Morgenstern, Le jour, éditeur.

- Comment faire l'amour à un homme, Alexandra Penney, Le jour, éditeur.

- Comment faire l'amour à la même personne... pour le reste de votre vie, Dagmar O'Connor, Le jour, éditeur.

- Edgar Cayce et le destin de l'homme, Lytle W. Robinson, J'ai lu.

- J'aime le strip-tease, Patrick Lindermohr, Editions Rencontre.

- Kâma-soutra.

- La cellule familiale, Robert Wernick, Time-life.

- La guerre des sexes, Maryse Choisy, Editions Publications Premières.

- Le guide de la réussite sexuelle, Professeur Albert Ellis, Editions Robert Langeac.

- L'homme et la femme, Peter Swerdloff, Time-Life.

- Physique de l'amour, Rémy de Gourmont, Mercure de France.

- Sexe, mode d'emploi, Valérie, Editions B.P. Livres.

- Sita, Kate Millet, Stock.